"十二五"普通高等教育本科国家级规划教材

课程思政

综合日语

第三版

总主编 彭广陆 〔日〕守屋三千代

第一册教学参考书

主　编　刘　健　何　琳
编　者　冷丽敏　彭广陆　孙佳音
　　　　王轶群　杨　峻　周　彤

北京大学出版社
PEKING UNIVERSITY PRESS

图书在版编目（CIP）数据

综合日语第一册教学参考书 / 刘健，何琳主编. —3版. —北京：北京大学出版社，2022.11
ISBN 978-7-301-33575-8

Ⅰ. ①综…　Ⅱ. ①刘…②何…　Ⅲ. ①日语–高等学校–教学参考资料　Ⅳ. ①H369.39

中国版本图书馆CIP数据核字(2022)第229104号

书　名	综合日语（第一册教学参考书）（第三版） ZONGHE RIYU (DI-YI CE JIAOXUE CANKAO SHU) (DI-SAN BAN)
著作责任者	刘　健　何　琳　主编
责任编辑	兰　婷
标准书号	ISBN 978-7-301-33575-8
出版发行	北京大学出版社
地　　址	北京市海淀区成府路205号　100871
网　　址	http://www.pup.cn　　新浪微博：@北京大学出版社
电子邮箱	编辑部 pupwaiwen@pup.cn　　总编室 zpup@pup.cn
电　　话	邮购部 010-62752015　发行部 010-62750672　编辑部 010-62759634
印刷者	河北文福旺印刷有限公司
经销者	新华书店
	787毫米×1092毫米　16开本　10印张　269千字 2006年11月第1版　2022年11月第3版　2024年6月第2次印刷
定　　价	48.00元

未经许可，不得以任何方式复制或抄袭本书之部分或全部内容。
版权所有，侵权必究
举报电话：010-62752024　电子邮箱：fd@pup.cn
图书如有印装质量问题，请与出版部联系，电话：010-62756370

前 言

《综合日语：教学参考书》是《综合日语》（第三版）配套系列教材之一，其宗旨是为教师设计与组织教学提出可供参考的教学思路，为教师开展课堂教学活动提供切实有效的实施方案。

本册是《综合日语》（第一册）（第三版）的教学参考书，由以下六个部分构成：（1）教学目标，（2）语言知识点、学习重点及教学实施建议，（3）教学重点，（4）学习手册答案，（5）学习手册听力录音，（6）课文翻译。

1. 教学目标

在每一课的教学目标设计中，基于《综合日语》（第一册）（第三版）各课的教学目标，同时结合本课的主题及内容素材，深度挖掘课程思政的要素，特别设计了以育人为目标指向的、本课的"情感目标"，为教师设计教学目标提供参考。

2. 语言知识点、学习重点及教学实施建议

在每个单元中，依据教学目标，梳理出该单元的语言知识点，并提示学习重点。同时，提示语言知识点与语言运用能力培养之间的关联，避免知识碎片化。例如，哪些表达方式可以用来达成本课提出的教学目标等，对此，均给出了明确的教学实施建议。

3. 教学重点

教学重点包含语音教学重点、词汇教学重点、语法教学重点及教学建议。语音教学重点列出语音教学方面的规律性问题，便于教师高效开展语音教学；词汇教学重点提炼使用频率高，以及在意义、使用规则等方面容易产生错误、容易与汉语混淆导致偏误的词汇，并提供教学建议；语法教学重点则是在各单元语法解说的基础上，进一步梳理、整合教学难点，解析近义表达等，给出教学建议。

4. 学习手册答案

《综合日语》（第一册学习手册）（第三版）各课练习的参考答案。

5. 学习手册听力录音

《综合日语》（第一册学习手册）（第三版）各课的听力录音稿。

6. 课文翻译

《综合日语》（第一册）（第三版）各单元课文的中文翻译。

《综合日语》（第三版）通过公共网络平台分享优质学习资源，超越了固定模式，打破了"纸质媒介"的限制，成为动态、多模态的系列教材。《综合日语：教学参考书》出版后，编委会将根据时代的发展、使用者的反馈，不断更新、补充动态资源，为广大教师提供更有效的教学支援。

　在编写过程中，所有成员倾注了大量心血。但是由于水平有限，难免存在不尽如人意之处，欢迎广大师生批评指正，使教材不断完善和充实。

　衷心感谢大家对本书的厚爱，希望《综合日语：教学参考书》能够成为广大一线教师开展教学实践活动的强有力的伙伴。

《综合日语:教学参考书》编者
2022年9月15日

教学温馨提示

1.《综合日语》充分考虑了中国学生的现有知识体系、文化背景、认知特点，为在中国学习日语的中国学生精心打造。在日语学习中，汉字知识的迁移一方面会给学生带来事半功倍的学习效率，但有时也会成为日语学习的羁绊，因此需要在日语学习初级阶段加强指导，帮助学生有效地发挥汉字的作用，同时排除母语的负迁移。

2.《综合日语》每篇课文都是一个完整的情境、语篇，建议指导学生从语篇出发，基于语篇文本，并在语篇的具体语境中理解词语用法以及相关的语言知识，不提倡为了讲解单词、语法等语言知识将一个完整的语篇肢解成若干部分。单词、语法等语言知识的学习可以安排在课文学习之前或者课文学习之后。

3.《综合日语》会话课文追求日语语言表达的自然与得体，没有采取简单的一问一答形式。建议引导学生注意到这一点，在自己实践时也尽量模仿自然的语言表达形式。

4.《综合日语》主要出场人物身份、性格，以及人物关系前后统一，贯穿整部教材。每个人物的性格、语言特点和处事方法各具特色，这种精心设计的目的不只是增加教材的故事性与趣味性，更重要的是通过不同的人物个性，体现日语表达的特点。建议在教学中挖掘这些素材，帮助学生加深对日语的理解，培养良好的语感。

5. 外语学习的初级阶段，不得不面对学生认知水平与外语水平不匹配的矛盾。建议鼓励学生大胆使用所学语言知识，根据需要扩充词汇，表达自己真正想表达的内容。

6. 日语委婉表达丰富，有些初学日语的学生可能认为是"虚伪"。实际上委婉表达大多出于善意，目的是不让对方难堪。可以通过教材的会话课文，引导学生意识到这一点，帮助学生消除由于文化差异而产生的误解或抵触情绪。

7. 外语课堂经常有展示、说明的环节。建议引导学生抓住听众的注意力，建立听众意识，建立共鸣。课堂上组织、引导同学积极参与互动，鼓励学生积极思考、体会、实践，培养学生成为展示、说明的达人，培养学生外语专业素养。

目　次

第1課　音　声 ·· 1
    一、教学目标 ·· 1
    二、教学建议 ·· 1
    三、教学重点 ·· 1
    四、学习手册答案 ·· 6
    五、学习手册听力录音 ··· 7

第2課　新生活 ·· 9
    一、教学目标 ·· 9
    二、语言知识点、学习重点及教学实施建议 ································· 9
    三、教学重点 ·· 10
    四、学习手册答案 ·· 14
    五、学习手册听力录音 ··· 16
    六、课文翻译 ·· 18

第3課　キャンパス・スケジュール ·· 20
    一、教学目标 ·· 20
    二、语言知识点、学习重点及教学实施建议 ······························· 20
    三、教学重点 ·· 21
    四、学习手册答案 ·· 23
    五、学习手册听力录音 ··· 25
    六、课文翻译 ·· 28

第4課　日本語の勉強 ··· 31
    一、教学目标 ·· 31
    二、语言知识点、学习重点及教学实施建议 ······························· 31
    三、教学重点 ·· 33

　　　　四、学习手册答案 ………………………………………………… 37
　　　　五、学习手册听力录音 …………………………………………… 39
　　　　六、课文翻译 ……………………………………………………… 42

第5课　高橋さんの留学生活 …………………………………………… 44
　　　　一、教学目标 ……………………………………………………… 44
　　　　二、语言知识点、学习重点及教学实施建议 …………………… 44
　　　　三、教学重点 ……………………………………………………… 45
　　　　四、学习手册答案 ………………………………………………… 47
　　　　五、学习手册听力录音 …………………………………………… 49
　　　　六、课文翻译 ……………………………………………………… 52

第6课　スピーチコンテスト応援 ……………………………………… 56
　　　　一、教学目标 ……………………………………………………… 56
　　　　二、语言知识点、学习重点及教学实施建议 …………………… 56
　　　　三、教学重点 ……………………………………………………… 57
　　　　四、学习手册答案 ………………………………………………… 61
　　　　五、学习手册听力录音 …………………………………………… 63
　　　　六、课文翻译 ……………………………………………………… 66

第7课　案　内 …………………………………………………………… 68
　　　　一、教学目标 ……………………………………………………… 68
　　　　二、语言知识点、学习重点及教学实施建议 …………………… 68
　　　　三、教学重点 ……………………………………………………… 69
　　　　四、学习手册答案 ………………………………………………… 73
　　　　五、学习手册听力录音 …………………………………………… 74
　　　　六、课文翻译 ……………………………………………………… 77

第8课　学生生活 ………………………………………………………… 80
　　　　一、教学目标 ……………………………………………………… 80
　　　　二、语言知识点、学习重点及教学实施建议 …………………… 80
　　　　三、教学重点 ……………………………………………………… 81

四、学习手册答案 ………………………………………………… 85
　　五、学习手册听力录音 …………………………………………… 88
　　六、课文翻译 ……………………………………………………… 91

第9課　買い物 ……………………………………………………………… 94
　　一、教学目标 ……………………………………………………… 94
　　二、语言知识点、学习重点及教学实施建议 …………………… 94
　　三、教学重点 ……………………………………………………… 95
　　四、学习手册答案 ………………………………………………… 99
　　五、学习手册听力录音 …………………………………………… 100
　　六、课文翻译 ……………………………………………………… 104

第10課　ルールとマナー ………………………………………………… 107
　　一、教学目标 ……………………………………………………… 107
　　二、语言知识点、学习重点及教学实施建议 …………………… 107
　　三、教学重点 ……………………………………………………… 109
　　四、学习手册答案 ………………………………………………… 114
　　五、学习手册听力录音 …………………………………………… 115
　　六、课文翻译 ……………………………………………………… 118

第11課　京劇と歌舞伎 …………………………………………………… 120
　　一、教学目标 ……………………………………………………… 120
　　二、语言知识点、学习重点及教学实施建议 …………………… 120
　　三、教学重点 ……………………………………………………… 121
　　四、学习手册答案 ………………………………………………… 125
　　五、学习手册听力录音 …………………………………………… 127
　　六、课文翻译 ……………………………………………………… 131

第12課　年　末 …………………………………………………………… 133
　　一、教学目标 ……………………………………………………… 133
　　二、语言知识点、学习重点及教学实施建议 …………………… 133
　　三、教学重点 ……………………………………………………… 134

四、学习手册答案 ·· 139

五、学习手册听力录音 ··· 141

六、课文翻译 ·· 145

第1課　音　声

一、教学目标

1. 掌握日语语音语调的发音特点和假名书写。
2. 能够认读日语单词。
3. 初步了解日语，做好学习日语的心理准备。
4. 体会中国传统文化的魅力，坚定文化自信。

二、教学建议

1. 从汉字与假名对比的角度讲解日语假名书写上的特点。
2. 受母语影响容易发错的音需要特别强调、反复练习。
3. 建议两周以内完成。
4. 不追求完全掌握所有假名的默写和认读，进入课文学习后自然能够熟练掌握。
5. 启发学生通过例词体会日语假名的发音、声调、书写的特点，记忆假名。不必记忆单词的意思，以免增加负担。
6. 引导学生以轻松的心情进入日语学习。
7. 由于方言的影响，个别学生存在个别语言发音困难（例如不能区别n、l）。方言影响根深蒂固，不是一朝一夕能解决的，建议不要过分放大，帮助学生注意到区别，今后慢慢克服。入门阶段减少心理压力非常重要。

三、教学重点

语音教学重点

あ行

「あ行」假名所表示的音节都是单元音，在发音过程中唇形和舌位都不发生变化，在发这5个单元音时请注意唇形和舌位保持不变，不要中途滑动。下面分别对这5个假名的发音要领进行说明。

あ

　　在「あ行」的5个元音中张口的程度最大，但比起汉语的"a"来，口的纵向和横向的开度都略小，舌位也略高，略靠后。

い

　　口的纵向开度与汉语的"i"接近，但横向开度比汉语小，不像发汉语的"i"时那样用力地向左右展开，唇与舌部肌肉较放松。

う

　　张口的程度在「あ行」的5个元音中最小，唇形扁平，不像发汉语的"u"时嘴唇那么向前突出，舌位比汉语的"u"靠前。

え

　　张口程度比「あ」小，嘴唇成扁圆形，舌面隆起处在中间，舌尖贴在下齿后面，舌部肌肉较紧张。

お

　　口的纵向开度略大于「う」，嘴唇略收圆，舌位比汉语的"o"高且靠后，舌部肌肉较紧张，发音时注意不要中途改变唇形和舌位，不要发成双元音"ou"。

か行

　　「か行」假名所表示的音节是由清辅音[k]分别和「あ行」的5个元音拼成的，[k]是爆破音，其发音要领是后舌隆起，顶住软腭，阻住气流，然后舌面和软腭突然分开，使气流爆发而出。

さ行

　　日语的清辅音[s]和[ɕ]与汉语的"s"和"x"很相似，只是在发音时呼气较弱，因而形成的摩擦也较弱。「ず」中的元音由于受前面辅音的影响而使舌位略微前移，听上去有些接近汉语的"si"，但比汉语的"si"舌面要高得多。

た行

日语的清辅音[t]发音部位近似于汉语的"t"；清辅音[tɕ]与汉语的"q"较为接近；清辅音[ts]同汉语的"c"类似，但发音部位比汉语稍靠后些。在发「つ」时，由于受前面辅音[ts]的影响，舌位略微前移，但注意不要发成汉语的"ci"。

な行

日语的[n]和汉语的"n"发音基本相同。发「に」这个音节时，由于受元音[i]的影响，辅音[n]的舌位略微后移，舌面贴住硬腭，形成[ɲ]这个音。

は行

「は行」假名的发音与「あ行」假名最为接近，做好发「あ行」音节的唇形和舌位，呼气并振动声带就可以发出「は行」假名。发「ふ」时注意不要咬住嘴唇，而是靠双唇的摩擦发音。

ま行

日语中[m]的发音方法与汉语的"m"基本相同；由于受元音[i]的影响，[mʲ]的舌位比[m]略有前移。

や行

日语中的[j]是半元音，发音与汉语的"y"类似，在与元音[a] [ɯ] [o]相拼时要发得短而轻。

ら行

[ɾ]的发音方法是：声带振动后用舌尖弹击上齿龈后部，舌尖与上齿龈后部的接触面积较小，接触时间也极短。由于受元音[i]的影响，[ɾʲi]的舌位比[ɾ]靠前。注意不要把[ɾ]发成汉语的[l]。

わ行

假名「ゐ」和「ゑ」在历史上曾经使用过，由于语音的演变，其发音变得与「い」和「え」相同，近代假名书写方式改革后，取消了「ゐ」和「ゑ」，分别用同音假名「い」和「え」来代替。

半元音[w]的发音与汉语的"w"接近，在与元音[a]相拼时要发得短而轻，注意发音时不要咬住嘴唇发成[v]。「を」的发音与「お」完全相同，只是「を」不用于单词

拼写，只用来表示语法意义（做格助词使用）。

が行

「が行」假名出现在词首以外的位置时（即位于词中或词尾时）有时发成鼻浊音，其发音要领是，在发「が行」的5个假名时关闭口腔通道，使气流从鼻腔流出，然后放开口腔阻塞。

ざ行

日语的浊辅音[dz]和[dz]与汉语的"z"和"j"相似，但汉语是清音，发音时声带不振动，发日语的[dz]和[dz]时声带要振动。「ず」中的元音由于受前面辅音的影响而使舌位略微前移，听上去有些接近汉语的"zi"，但比汉语的"zi"舌面要高得多。

だ行

日语中的浊辅音[d]发音部位近似于汉语的"d"；浊辅音[dz]与汉语的"j"较为接近；浊辅音[dz]同汉语的"z"类似，但发音部位比汉语稍靠后些。在发这些浊辅音时，注意声带要振动。在发「づ」时，由于受前面辅音的影响，元音[ɯ]的舌位略微前移，但注意不要发成汉语的"zi"。「ぢ」「づ」的发音与前面学过的「じ」「ず」完全相同，只是在书写单词时呈现出不同。

ば行、ぱ行

日语中的[b]和[p]与汉语的"b"和"p"发音部位基本相同，但日语的[b]是浊辅音，发音时声带要振动，[p]是清辅音，发音时声带不振动。在发[bʲ]和[pʲ]时，由于受元音[i]的影响，舌位比[b]和[p]略有前移。

外来词中常用的拗音

在拼写外来词时，为了尽量接近原来的发音，需要用到一些特殊的拗音，下面列出了外来词中常用的拗音。

ア段	イ段	ウ段	エ段	オ段
			イェ	
ヴァ	ウィ／ヴィ	ヴ	ウェ／ヴェ	ウォ／ヴォ
		ヴュ		ヴョ
			キェ	

（续表）

ア段	イ段	ウ段	エ段	オ段
クァ / グァ	クィ / グィ		クェ / グェ	クォ / グォ
			シェ / ジェ	
	スィ / ズィ			
			チェ	
ツァ	ツィ		ツェ	ツォ
	ティ / ディ			
		テュ / デュ		
		トゥ / ドゥ		
			ニェ	
			ヒェ	
ファ	フィ		フェ	フォ
		フュ		

例词
ウィーン①　　ソフトウェア④　　ストップウォッチ⑤　　クォーツ①
シェア①　　　ジェスチャー①　　チェーン①　　　　　　パーティー①
ディスク①　　ファッション①　　フィクション①　　　　フォーカス①

音拍（モーラ）

　　即便不懂日语的人在听到日语时也会有这样的感受，日语节奏均匀，好像是一拍一拍地说出来的，从不忽紧忽慢。这正是日语在节奏上的显著特点——等时性（等拍性）。

　　说话时人们习惯把每个假名发得基本一样长，每个假名所占的时长就是一拍，我们把日语在节奏上的这种单位称为"音拍（摩拉）"。人们说话时的节奏各不相同，有快有慢，但无论快慢，同一个人在用同一种语速说话时，各假名的发音时间都是大致相等的。

　　一般说来，一个假名是一拍，"长音（ー）"和"拨音（ン）""促音（ッ）"也都各占一拍。"拗音"，如「きゃ」「しゅ」等，两个假名是一拍，即一个拗音占一拍。

送气音与不送气音

汉语语音的特点是送气音（有気音<ruby>ゆうきおん</ruby>）与不送气音（無気音<ruby>むきおん</ruby>）形成了意义上的对立，而日语则是清辅音（無声音<ruby>むせいおん</ruby>）与浊辅音（有声音<ruby>ゆうせいおん</ruby>）形成了意义上的对立。

"送气音"与"不送气音"是对立的概念，二者的区别在于发音时是否呼出气流以及呼出气流的强弱。具体而言，送气音在发音时呼出的气流较强，而不送气音在发音时不呼出气流或呼出的气流较弱。不过，送气音与不送气音都属于清辅音。例如汉语拼音的"k"和"g"、"t"和"d"、"p"和"b"都表示清辅音，只不过前者为送气音，后者为不送气音，它们构成的音节所表示的意义也不同。例如："棵（kē）"与"歌（gē）"、"他（tā）"与"搭（dā）"、"坡（pō）"与"波（bō）"。

日语中的「か行」「た行」和「ぱ行」假名所表示的音节中的清辅音也有送气和不送气之分。该辅音位于词头时读送气音，位于词中或词尾时通常读不送气音。对初学者来说，不送气的清辅音有时听上去与浊辅音相似，但二者是有本质区别的：清辅音在发音时声带不震动，而浊辅音在发音时声带震动。汉语母语者初学日语时分不清"不送气的清辅音"与"浊辅音"是常见的现象，例如容易把「わたし」听成「わだし」、「お元気ですか？」听成「お元気ですが？」，这时不必过于急躁，也不必刻意模仿，随着学习的不断深入是会逐渐适应的。

元音的清化（母音<ruby>ぼいん</ruby>の無声化<ruby>むせいか</ruby>）

元音[i]和[ɯ]夹在两个清辅音之间且不为声调核（一个单词中高读的最后一个音节）时，原则上只保留该元音的口型和舌位而不发声（声带不振动），这种现象称为"元音的清化"，例如"きく（[[kʲikɯ]）""くさ（[kɯsa]）"中的元音[i]和[ɯ]。在今后的学习中我们还会接触到，当句子以动词敬体形式「ます」或判断词「です」结束时，句尾的「す」发生元音清化，元音脱落，只剩下辅音[s]，因此「ます」和「です」的实际发音应分别为[mas]和[des]。在日常口语中，元音的清化现象时有发生，但初学者不必刻意模仿，只要按发音规则发好每一个音，熟练了之后自然会发出地道的清化元音。

四、学习手册答案

自我检测

1. (1) サラダ　　(2) テレビ　　(3) ユニット　　(4) サークル
   (5) アルバイト　(6) プレゼント　(7) キャンパス　(8) レストラン
   (9) スケジュール　(10) コンピュータ

2. (1) ともだち　　　　(2) つみかさね　　　　(3) ようこそ
　　(4) ひこうき　　　　(5) せんぱい　　　　　(6) たんじょうび
　　(7) てんあんもん　　(8) はっぴょうかい　　 (9) りゅうがくせい
　　(10) こんやくしゃ

3. (1) c　　(2) b　　(3) a　　(4) d　　(5) b
　　(6) c　　(7) b　　(8) c　　(9) d　　(10) d

4. (1) づけ　　(2) かい　　(3) ぜん　　(4) けい　　(5) よう
　　(6) ティー　(7) こう　　(8) しゅう　(9) ット　　(10) レンジ

5. (1) a　　(2) a　　(3) b　　(4) b　　(5) b
　　(6) a　　(7) a　　(8) a　　(9) b　　(10) a

6. (1) やくそく　　　　　(2) おんがく　　　　　(3) こいしい
　　(4) きゃっか　　　　(5) けいたいでんわ　　(6) かんげいかい
　　(7) とうざいなんぼく(8) ちゅうごくじん　　(9) スキャン
　　(10) インターネット

五、学习手册听力录音

自我检测

3. 听录音，从a～d中选择与录音内容相符的答案。
　　(1)しち　　　　(2)から　　　　(3)ミルク　　(4)なんじ　　　(5)たまご
　　(6)けっこう　　(7)しょうせつ　(8)せいご　　(9)いったって　(10)そしょう

4. 听录音，完成下列单词。
　　(1)いちやづけ　　(2)かいふく　　(3)あんぜん　　(4)けいざい
　　(5)きょうよう　　(6)パーティー　(7)さんこう　　(8)しゅうしょく
　　(9)チケット　　　(10)チャレンジ

5. 听录音，选择正确答案。
　　(1)おばさん　　　　　(2)さんねん　　(3)くらくなった　　(4)あったかい
　　(5)いうことをきかない　　　(6)さいてきなパソコン

(7)こころよいおへんじ　　　(8)かいけいがすんだ
(9)にほんごのきょうかしょ　(10)いとしいひとではありません

6. 听录音，写出下列单词。
(1)やくそく　　　(2)おんがく　　　(3)こいしい　　　(4)きゃっか
(5)けいたいでんわ　(6)かんげいかい　(7)とうざいなんぼく
(8)ちゅうごくじん　(9)スキャン　　　(10)インターネット

第2課　新生活

一、教学目标

1. 能够简单介绍自己和家人、朋友、学校等。
2. 学会倾听，通过学习活动，增进同学之间的相互了解。
3. 能够掌握基本亲属称谓词，勇于沟通，尊重他人，同时理解与人交流时要保持适度的距离感。

二、语言知识点、学习重点及教学实施建议

ユニット1

1. 语言知识点及学习重点

语言知识点	学习重点
① N_1はN_2です〈名词谓语句〉 ② Sか〈疑问〉 ③ の〈领属〉 ④ Sね〈确认〉 ⑤ N_1で、N_2です〈句子间中顿〉	(1) 运用「N_1はN_2です」表达并介绍自己和家人、朋友、学校等。 (2) 运用「Sか」「Sね」对对方相关情况提问，积极与他人沟通、交流。 (3) 运用「N_1で、N_2です」描述自己的多方面情况。

2. 教学实施建议

(1) 这是学生学习的第一篇课文，都是新内容，一定要有耐心，适当放慢节奏，帮助学生尽量减轻心理负担，顺利入门。

(2) 启发学生分析本单元会话课文的语言特点，体会汉语和日语表达方式、表达习惯的不同。例如主语的省略，会话中没有出现第一人称「私」等。

(3) 鼓励学生养成根据情境推测、理解文本的习惯，培养学生对语言的敏感性。

ユニット2

1. 语言知识点及学习重点

语言知识点	学习重点
① 疑问词 ② と〈并列〉 ③ この、その、あの、どの〈指示〉	(1) 运用疑问词询问他人情况。 (2) 运用「この、その、あの、どの」等连体词介绍自己身边的人或事物。

2. 教学实施建议

(1) 第2单元虽然语法项目不多，但基数词、序数词、亲属称谓词、人数、年龄等词汇数量多，学习压力很大，鼓励学生发现数字发音的规律。家族称谓不需要一次全部掌握，可以先记与自己有关的单词，尽量减轻心理压力。

(2) 如果学生学有余力，可以适当扩展「～は～です」表达的话题，例如「ご出身はどこですか」「ご専攻は何ですか」「お国はどこですか」「お仕事は何ですか」「趣味は何ですか」等，帮助学生体会语法结构的拓展性。

ユニット3

1. 语言知识点及学习重点

语言知识点	学习重点
① の〈同位〉	(1) 运用「の」表达同位关系，例如「留学生の私」「中国人の私たち」等。

2. 教学实施建议

本单元阅读文汉字词较多，可以启发学生意识到充分利用汉字背景知识的重要性。

三、教学重点

（一）语音教学重点

1. ～人

  1人　ひとり②

  2人　ふたり③

  3人　さんにん③

  4人　よにん②

  5人　ごにん②

  6人　ろくにん②

第2課　新生活

7人　しちにん②／ななにん②
8人　はちにん②
9人　きゅうにん①／くにん②
10人　じゅうにん①
11人　じゅういちにん④
12人　じゅうににん③
13人　じゅうさんにん③
14人　じゅうよにん①／じゅう・よにん①-②
15人　じゅうごにん①／じゅう・ごにん①-②
16人　じゅうろくにん④
17人　じゅうしちにん④／じゅうななにん④
18人　じゅうはちにん④
19人　じゅうきゅうにん③／じゅう・くにん①-②
20人　にじゅうにん②
100人　ひゃくにん②
1000人　せんにん①／いっせんにん⓪
10000人　いちまんにん⓪
疑问词：何人（なんにん）①

2. ～つ

一つ　ひとつ②　　　二つ　ふたつ③　　　三つ　みっつ③
四つ　よっつ③　　　五つ　いつつ②　　　六つ　むっつ③
七つ　ななつ②　　　八つ　やっつ③　　　九つ　ここのつ②
十　とお①
疑问词：いくつ①

3. ～歳

1歳　いっさい①　　　　　　　2歳　にさい①
3歳　さんさい①　　　　　　　4歳　よんさい①
5歳　ごさい①　　　　　　　　6歳　ろくさい②
7歳　ななさい②　　　　　　　8歳　はっさい①
9歳　きゅうさい①　　　　　　10歳　じ（ゅ）っさい①
18歳　じゅうはっさい③　　　　20歳　はたち①　にじ（ゅ）っさい②

24歳　にじゅう・よんさい①-①

疑问词：いくつ①／何歳（なんさい）①

（二）词汇教学重点

1. 助词

引导学生理解日语助词的概念，通过本课出现的几个助词，帮助学生意识到助词在日语的结构、意义上的重要性。

2. 亲属称谓

(1)亲属称谓属于日语敬语表达范畴，可以简单导入敬语表达概念。

(2)本课第2单元课后列出了常见的亲属称谓词，可以让学生选择其中的几组进行会话练习，其他的作为储备知识，今后随时回顾、复习和使用，同时也可供学有余力的学生记忆、使用。

(3)可以引导学生比较中日两国对于亲属称谓的异同之处。例如，汉语中有"姨妈、姑姑、婶婶、大娘"等比较详细的分类，而日语则只有一个「おばさん」，可以给学生留下思考空间，让学生今后注意观察日语亲属称谓特点。

(4)结合课堂实际需要，还可以补充中日两国打招呼时的不同，例如中国人会跟小孩子说"叫阿姨""叫爷爷"等，而日语则不会（日语会跟小孩子说「挨拶してください」）。

3. 数词、量词

(1)日语的数词分为音读和训读两种数法，训读只有从1到10，音读则可以数到无限。

(2)结合课后的数词和量词列表，让学生练习手机号码、宿舍号码、教室号码、楼层等表达，通过实际运用加强印象。

（三）语法教学重点

1. 名词

在引入名词谓语句前，可先简单介绍日语名词的特征：

日语中，名词是实词的一种，主要表示事物或人的名称，还可以表示状态、变化、动作等，在句子中一般充当主语、补足语、连体修饰语，这时要后续助词；还可以后续判断词充当谓语。

日语的名词（包括代词及数词）与动词、形容词等不同，在使用时没有词形上的

变化，日语中称之为「体言(たいげん)」，本教材称为"体词"。

2. N₁はN₂です（→ 📖 条目1）

a. 本单元的学习重点为表示判断的名词谓语句。

该句式中，接在名词N₁后面的助词「は」用于提示N₁是该句的话题，接在名词N₂后面的「です」表示判断。其否定形式是「ではありません／じゃありません」，其疑问句形式是「～ですか」。

N₁　は　N₂　です。（肯定）

N₁　は　N₂　ですか。（疑问）

N₁　は　N₂　ではありません／じゃありません。（否定）

b. 会话文中，该句式以「あ、日本の方ですか。」「ああ、日本語学科の方ですか。」的问句形式最先出现，在后面自我介绍时，高桥说「高橋美穂です。どうぞよろしく」「王宇翔です。どうぞよろしく」，这些表达中均省略了「あなたは」和「私は」，与汉语中常用"你是……""我是……"的习惯不同，需要注意。尤其在进行自我介绍时，一般省略「私は」，这一点在教学时需特别强调。此外，在进行自我介绍的练习时，可提醒学生面带微笑介绍，介绍后要鞠躬行礼（「お辞儀」）。

c. 日常会话中，日语一般不用第二人称「あなた」称呼对方（上对下或妻子称呼丈夫等情况除外）时，而是称呼对方姓名，如会话文最后小王问铃木「高橋さんは鈴木さんの彼女ですか」（高桥是你女朋友吗？），这也与汉语的表达方式不同。

d. 提醒学生，在介绍自己时，自己的名字后面不加「さん」，称呼对方或他人时，要在姓名或姓氏后面加「さん」。此外，直接询问对方「日本人ですか」「韓国人ですか」是不太礼貌的说法，需要注意。

e. 初学名词谓语句，学生容易漏掉「は」「です」，应强调。

(1) ×王さん一年生ですか。　　→王さんは一年生ですか。

(2) ×私は一年生。　　　　　　→私は一年生です。

3. 助词「か」「ね」（→ 📖 条目2,4）

本单元出现了两个用于句尾的助词（「終助詞」）「か」和「ね」。教学的难点在于使学生掌握不同语境下的语调。可通过相同句式进行说明和比较。

そうですか。↗（疑问）

そうですか。↘（领会）

そうですね。↘（同意）

「ね」的用法容易与第4课将要学习的「よ」的用法混淆，在此可预先强调

「ね」表达的是说话人和听话人共有的信息。

1. この／その／あの／どの〈指示〉（→ 条目3）

本单元出现了用于指示的连体词「この／その／あの／どの」，需强调连体词不能单独使用，只能放在名词前面使用。

限于所学内容、词汇及场景，关于「こ／そ／あ」的区别可先简单说明，在第3课再详细讲解。本单元中，小王和高桥在看照片时，出现了以下对话：

(1)　王：**この**方はどなたですか。
　　　高橋：ああ、**その**人は姉の婚約者です。

此处高桥用「その人」，意为小王手指着的、距离小王近的人。

1. の〈同位〉（→ 条目1）

第1单元出现的表达所有、所属、属性的助词「の」由于与汉语的"的"类似，学生较容易掌握，而本单元出现的表示同位关系的「の」与汉语的"的"用法不同，是教学中的难点。可通过自我介绍或介绍他人反复练习。

(1)こちらは高校**の**後輩の李さんです。
(2)こちらは語学留学生**の**高橋さんで、私の友達です。

四、学习手册答案

实力挑战

(1)大家好！我叫刘宇，是中国人。现在是东西大学经济系二年级的学生，今年20岁。请大家多关照。

(2)大家好！我是皮埃尔，法国人，东西大学法学部三年级学生，请多关照！

(3)我姓金，京华大学语言文化系的学生，我是韩国人，父亲是日语老师。请多关照。

(4)初次见面，我是汤姆，来自美国，我也是东西大学法学部的，皮埃尔是我的朋友，请多关照！

自我检测

Ⅰ.文字、词汇、语法

1. (1)ちゅうごく　　(2)いちねんせい　　(3)がくせい
   (4)こうこう　　(5)にほんごがっか　　(6)かぞく
   (7)しゃしん　　(8)かいしゃいん　　(9)じゅうはっさい
   (10)にひゃくななじゅうごにん

2. (1)留学生　(2)医者　(3)国際　(4)今　(5)外国語学部
   (6)何年生　(7)弟　(8)大学院　(9)学長　(10)言葉、勉強

3. (1)a　(2)a　(3)b　(4)b　(5)b　(6)a　(7)b　(8)a

4. (1)—g　(2)—h　(3)—a　(4)—d　(5)—e　(6)—c　(7)—b　(8)—f

5. ① おはよう
   ② はじめまして
   ③ どうぞよろしくお願いします
   ④ そうですか
   ⑤ こちらこそ

6. (1)何年生ですか。
   (2)王さんは2年生ですか。
   (3)どなた（どの方）ですか。
   (4)韓国の方ですか。
   (5)60人（50人以外的人数）ですか。
   (6)何人ですか。
   (7)例：劉さんのお父さんは大学の先生です。
   (8)おいくつですか。
   (9)どちらの方（どこの国の方）ですか。
   (10)京華小学校はどちらですか。

7. (1)a　(2)b

8. (1)a　(2)b　(3)b　(4)d　(5)b　(6)c

Ⅱ．听力

1. (1) 8290-5704　　(2) 13058270436　　(3) 6743-2089　　(4) 010-5697-2086
   (5) 03-4826-3851

2. (1) d　　(2) a　　(3) b　　(4) c

3. (1) a　　(2) c　　(3) b　　(4) b　　(5) b

Ⅲ．阅读

1. ① 何人　　② おいくつ　　③ 何年生

2. ① 1898年　　② 221コース　　③ 254名
   ④ 中国語の発音・会話・聴解・作文・語彙の5科目

五、学习手册听力录音

实力挑战
将录音里4位同学的自我介绍翻译成汉语。
(1) はじめまして。劉宇と申します。中国人です。東西大学経済学部の2年生で、20歳です。どうぞよろしくお願いします。
(2) こんにちは。ピエールです。フランス人です。東西大学法学部の3年生です。どうぞよろしくお願いします。
(3) 私の名前はキムです。京華大学言語文化学部の学生で、韓国人です。父は日本語の教師です。よろしくお願いします。
(4) はじめまして。トムです。アメリカから来ました。私も東西大学法学部の留学生で、ピエールさんの友達です。どうぞよろしくお願いします。

自我检测
听力练习
1. 听录音，仿照例子记录电话号码。
　　例：6887-6487
　　(1) 8290-5704　　(2) 13058270436　　(3) 6743-2089
　　(4) 010-5697-2086　　(5) 03-4826-3851

第2課　新生活

2. 听录音，录音在谈论哪一张照片？仿照例子在照片下面写上序号。

例：この方は僕の大学の学長で、言語学の先生です。

(1) A：ご家族の写真ですか。
　　B：はい。両親と姉です。
　　A：この方はどなたですか。
　　B：姉の婚約者です。

(2) A：李さんの彼女ですか。
　　B：はい。フランス人留学生で、経済学部の２年生です。
　　A：ふふっ、そうですか。

(3) 高校の友達の写真です。劉さんと陸さんは北燕大学の学生で、張さんは今アメリカの大学の語学留学生です。

(4) 私の家族は6人です。祖父と祖母と両親と兄と私です。父は会社員で、母は小学校の教員です。兄は大学生です。私は今高校生です。

3. 听录音，从a～c中选择正确的应答。

(1) A：おはようございます。
　　B：a．おはよう。
　　　　b．すみません。
　　　　c．ではまた。

(2) A：初めまして、李です。よろしくお願いします。
　　B：a．こちらこそ、李ではありません。
　　　　b．すみません。李ではありません。
　　　　c．よろしくお願いします。

(3) A：張さんは何年生ですか。
　　B：a．18歳です。
　　　　b．２年生です。
　　　　c．５人です。

(4) A：高橋さんはどの方ですか。
　　B：a．北京へようこそ。
　　　　b．あの方です。
　　　　c．高橋は語学留学生です。

(5) A：劉さんのご家族は何人ですか。
　　B：a．はい、家族です。

　　　　b．6人です。

　　　　c．父は医者です。

六、课文翻译

ユニット1 初次见面

（清晨7：50。高桥美穗疾步走在校园里。她约好与铃木真一见面，眼看就要迟到了，不巧差一点撞上骑自行车的王宇翔）

王宇翔：啊—！（眼看就要撞上了，他一个急刹车停下，赶紧道歉）对不起！

高桥美穗：对不起！

王　：（听了她的话）啊，你是日本人吗？（又看了看高桥，简直呆住了）是我该向你道歉。

高桥：噢，你是日语专业的呀？

王　：是的。

高桥：（嫣然一笑）好，再见。

（王呆呆地目送高桥远去）

（次日，在校园内，铃木和高桥碰上了王）

铃木：王宇翔，早上好！

王　：啊，铃木，早上好！

铃木：这位是高桥美穗。

王　：（惊讶地）啊，你就是昨天那位……

高桥：昨天真是对不起了。

铃木：呀？你们认识呀？

王　：嗯……

铃木：高桥是我高中的学妹，她现在是京华大学的汉语留学生。

高桥：初次见面，对了，不应该说"初次见面"啊，我叫高桥美穗，请多关照！

王　：我叫王宇翔，请多关照。

（王小声问铃木，不让高桥听见）

王　：她是你的女朋友吗？

铃木：嗯……

2 家人的照片

（次日，小王和高桥在一起谈论着各自的家庭）

高桥：小王你家有几口人？

王 ：3口人。父母和我。我是独生子。我父亲是公司职员，母亲是医生。

高桥：是嘛。

王 ：高桥你家有几口人呢？

高桥：6口人。爸爸、妈妈、祖母、姐姐、弟弟和我。
（拿出几张照片一边给王看一边说）我爸爸是公司职员，妈妈是小学老师。

王 ：祖母是你妈妈的妈妈吗？

高桥：不，是爸爸的妈妈。（指着照片上的弟弟）这是我弟弟。

王 ：你弟弟多大了？

高桥：现在上高二，17岁了。（指着照片上的姐姐）这是我姐姐，她是护士。

王 ：（指着照片上的一位男士）这位是谁？

高桥：啊，那是我姐姐的未婚夫。
（又拿出另外一张照片）我的男朋友是这位，名叫小玉。

王 ：啊？（看到照片上是一只猫）哦，是这样啊！小玉。（笑）

3 欢迎来到京华大学

各位汉语留学生同学，你们好！欢迎你们来到京华大学。我是校长张光辉。请多关照。

京华大学创建于1952年，是一所综合大学，现有学生约2万人。文科有6个系，理科4个系。此外学校还有研究生院、研究所、研究中心等。

各位同学所学的汉语课程属于国际教育中心。该课程的学习年限为1年，主要科目有汉语的发音、语法、会话、听力、作文。

外语学习需要"日积月累的努力"，同学们加油吧！

第3課　キャンパス・スケジュール

一、教学目标

1. 能够用日语交流学习生活、作息安排。
2. 能够用日语简单询问、说明场所。
3. 能够读懂简单的通知。
4. 通过倾听同学的介绍，发现自己没有注意到的一些信息，体会分享信息的快乐。
5. 能寻找并表达日常话题，树立信心，勇于表达。

二、语言知识点、学习重点及教学实施建议

ユニット1

1. 语言知识点及学习重点

语言知识点	学习重点
① ここ、そこ、あそこ、どこ〈指示〉 ② 形容詞 ③ 形容詞の連体形 ④ これ、それ、あれ、どれ〈指示〉 ⑤ も〈类同〉 ⑥ それから〈补充〉	(1) 运用「ここ、そこ、あそこ、どこ」表示建筑、物品等的方位。 (2) 运用「も」表示类同的主题。 (3) 运用「それから」表示补充、添加，描述多个事物、概念。

2. 教学实施建议

(1) 通过具体情景启发学生理解「ここ、そこ、あそこ」所表示的位置关系。通过对校园场所的基本描述，熟悉自己的校园。

(2) 汉语表示位置和地点一般要使用动词"在"或"有"，而日语可以使用判断句，这一点中国学生不太容易理解，要帮助学生克服母语的干扰。

(3) 相对于汉语和英语的"近称-远称"成对的情况，日语是"近称-中称-远称"三者对立型语言，帮助学生奠定"日语思维输入输出"的学习习惯。

第3課　キャンパス・スケジュール

ユニット2

1. 语言知识点及学习重点

语言知识点	学习重点
① から〈起点〉 ② まで〈终点〉 ③ でも〈转折〉 ④ N₁からN₂まで〈范围〉 ⑤ Nじゃありませんか〈否定疑问〉 ⑥ どんなNですか〈疑问〉	(1) 运用「～から～まで」表示时间、空间等的起始点和终点、范围，谈论学习生活、作息安排。 (2) 将「どんなNですか」与形容词结合，谈论对人或事的印象、感觉。

2. 教学实施建议

结合学生所在校园和实际的课程表安排学习。

ユニット3

1. 语言知识点及学习重点

语言知识点	学习重点
① N₁やN₂など〈并列〉	(1) 运用「N₁やN₂など」列举事物。

2. 教学实施建议

本单元是一则通知，格式、内容等与汉语十分相似，阅读这类文章可以先捕捉主要信息，再理解细节。课文中有很多"理解词汇"，例如「活動日」「日時」「遣唐使」「卒業論文」等，这类词汇只需要理解，不需要拓展。

三、教学重点

（一）词汇教学重点

1. コソアド系列词

本课主要学习「これ、それ、あれ、どれ」「ここ、そこ、あそこ、どこ」两组指示代名词，启发学生理解这两组词的意义关系，并熟练掌握本课相关用法。

2. 形容词

本课出现少量形容词，是下一课形容词学习的铺垫，本课主要帮助学生了解形容词在形式上的分类，有余力的学生可以积累一些形容词，为下一课重点学习形容词打下基础。

（二）语法教学重点

1. 指示代名词（→ 条目1, 4）

　　a. 与汉语相比，日语的指示代名词有"近称""中称""远称"三种区分，需引导学生，结合一定的情境反复练习。

　　b. 第2课中学习的「この、その、あの、どの」也属于指示词的体系，但词性上是连体词，而「ここ、これ」都是名词，应提醒学生注意接续上的差异。

2. 形容词（→ 条目2, 3）

　　a. 引导学生理解"活用"的概念，日语动词、形容词的不同功能（修饰名词、修饰动词或者并列、结句等）由不同的词形来完成。

　　b. Ⅰ类形容词修饰名词时，初学者容易受汉语"的"的影响，产出「×白いの建物」这样的表达，需要留意并及时纠正。

3. それから〈补充〉（→ 条目6）

　　「それから」的词性是连词，一般用于连接两个对等的语言单位。词语、词组、句子之间都可以用连词连接。连词是显性的逻辑关系标记，在句中起到重要的连接作用，也是语法学习的重点。

1. 格助词（→ 条目1, 2, 4）

　　格助词是日语语法体系中的重点和难点。格助词用于表示格关系，与动词的搭配是学习重点。目前尚未开始学习动词，可先不展开其用法，引导学生理解格助词「から」「まで」的意义，现阶段「Nからです／～までです」当作惯用句型处理即可。

2. 口语的表达形式（→ 条目3, 5）

　　日语的口语与书面语有着比较明显的区别，例如本单元表示转折关系的连词「でも」、表示反问的「Nじゃありませんか」都是口语表达，书面语中较少用，需要提醒学生注意。

3. どんなNですか〈疑问〉（→ 条目6）

　　「どんな」与第2课学习的「どの」功能用法类似，都用于直接后续名词表示疑

问。二者的区别在于，用「どの」提问是为了区别个体，用「どんな」提问则是为了询问性质、属性等。可利用以下例子加以区别：

（1）（拿着几位老师的合影问）

—呉先生は**どの**先生ですか。

—この先生です。

—呉先生は**どんな**先生ですか。

—とても厳しい先生です。

（2）—図書館は**どの**建物ですか。

—あの建物です。

—図書館は**どんな**ところですか。

—静かなところです。

1. N₁やN₂など〈并列〉（→ 📖 条目1）

引导学生将「や」与「と」的用法加以区别。「と」用于列举全部事物，即"穷举"；而「や」是列举部分例子。可使用以下例子进行说明：

a. 料理はギョーザ**と**おすしです。　　　（只有这两种食物）

b. 料理はギョーザ**や**おすしなどです。（除了这两种之外，还有其他食物）

四、学习手册答案

实力挑战

各位新同学

欢迎你们来到东西大学。

我是日语教育中心的铃木娜娜，请多关照。

下面我来介绍一下日语学习课程。

各位同学所在的日语课程时间是4个月，主要科目有日语的发音、语法、会话、听力和作文。周一到周五每天上午9点开始上课。上午上课，下午自习。

语言学习需要日积月累的努力，各位同学加油吧。

自我检测

Ⅰ. 文字、词汇、语法

1.（1）ぎんこう　　（2）あか　　（3）じしょ　　（4）きび

（5）としょかん　（6）たてもの　（7）ごじゅっぷん　（8）ちゅうごくし

(9)しんにゅうせい　　　　(10)せんこう

2. (1)売店　　(2)午後　　(3)閲覧　　(4)駅　　(5)難
　 (6)場所　　(7)白　　(8)経済　　(9)4時　　(10)木曜日

3. (1)カウンター　(2)パーティー　(3)メンバー　(4)スケジュール
　 (5)ホテル　　(6)レター　　(7)ニュース　　(8)サークル

4. (1)いちがつついたち　　(2)にがつじゅうよっか　(3)さんがつみっか
　 (4)しがつにじゅうくにち　(5)ごがついつか　　(6)しちがつなのか
　 (7)じゅういちがつみっか

5. (1)b　(2)a　(3)b　(4)b　(5)a　(6)a　(7)a　(8)b

6. (1)c　(2)a　(3)d　(4)e　(5)b

7. (1)から、までは　(2)は、も　(3)や、などは　(4)の、ね(よ／か)　(5)まで/から

8. (1)a　(2)a　(3)b　(4)d　(5)c　(6)d　(7)b　(8)b

9. (1)c　(2)d　(3)d　(4)b　(5)d

10.(1)しゅうごう　(2)ひよう　　(3)がくしゅう　(4)きょうじゅ
　 (5)むり　　　(6)ぜんたい　　(7)にゅういん　(8)にほんしき
　 (9)どくしょ　(10)にゅうがく

Ⅱ.听力

1. (1)a　(2)b　(3)b　(4)c　(5)b

2. a. 売店（～8：40）　　c. 病院（8：40～4：30）
   d. 食堂（7：00～）　　e. 郵便局（8：40～5：00）

3. (1)a　(2)b　(3)c　(4)a　(5)b

Ⅲ．阅读

1.

サークル名	会員数	会員の国籍	活動日	活動時間	主要活動
日本語サークル	35人	中国、日本	水、金曜日	午後5時～7時	日本語の勉強や交流パーティーの開催
映画サークル	10人	中国、日本、アメリカ	金曜日	午後7時～9時	おもしろい映画の紹介

五、学习手册听力录音

1. 推测以下外来词的读音，听录音确认。体会外来词的读音规律。
 (1) キャンパス　　(2) スケジュール　　(3) コンピューター
 (4) カウンター　　(5) トイレ　　(6) アメリカ

1. 推测以下外来词的读音，听录音确认。体会外来词的读音规律。
 (1) ニュース　　(2) レター　　(3) パーティー
 (4) メンバー　　(5) サークル　　(6) テーマ

实力挑战

新入生の皆さん

ご入学おめでとうございます。東西大学へようこそ。

日本語教育センターの鈴木ナナです。よろしくお願いします。

それでは、日本語語学コースについて紹介します。

みなさんの語学コースは4か月で、主要科目は日本語の発音、文法、会話、聴解、作文です。

授業は月曜日から金曜日まで、朝9時からですが、午前中は授業で、午後は自習時間です。

言葉の勉強は「日々の努力の積み重ね」です。ではみなさん、頑張ってください。

自我检测
1. 听录音，仿照例子选择正确答案。

　　例　質問：図書館はどの建物ですか。
　　　　　　Ａ：あのう、すみません。図書館はどこですか。
　　　　　　Ｂ：図書館ですか。図書館はあの黒い建物です。
　　　　質問：図書館はどの建物ですか。
　(1)質問：白い建物は何ですか。
　　　　　Ａ：あの建物はホテルですか。
　　　　　Ｂ：え？どれですか。
　　　　　Ａ：あの高い建物です。
　　　　　Ｂ：白い建物ですか。
　　　　　Ａ：はい。
　　　　　Ｂ：あれは大学病院です。
　　　　　Ａ：そうですか。立派ですね。
　　　質問：白い建物は何ですか。
　(2)質問：食堂はどの建物ですか。
　　　　　Ａ：木村さん、あの小さい建物は食堂ですか。
　　　　　Ｂ：ああ、あれは売店です。食堂はあの赤い建物です。
　　　　　Ａ：そうですか。
　　　質問：食堂はどの建物ですか。
　(3)質問：京華病院はどの建物ですか。
　　　　　Ａ：すみません。京華病院はどこですか。
　　　　　Ｂ：京華病院ですか。あそこの高い建物です。
　　　　　Ａ：あの黒い建物ですか。
　　　　　Ｂ：いえ、あの白い建物です。
　　　　　Ａ：ああ、あれですね。どうもありがとうございました。
　　　質問：京華病院はどの建物ですか。
　(4)質問：王先生はどんな先生ですか。
　　　　　Ａ：田中さんの文学史の先生は王先生ですか。
　　　　　Ｂ：はい。
　　　　　Ａ：王先生の授業はおもしろいですか。
　　　　　Ｂ：はい。でも王先生はとても厳しいです。
　　　質問：王先生はどんな先生ですか。

(5) 質問：授業は何日からですか。
　　A：授業は9月1日からですか。
　　B：いえ、1日は日曜日です。
　　A：そうですか。いつも月曜日からですね。
　　B：はい。
　質問：授業は何日からですか。

2. 听录音，在所谈论的图片下的（　）里填入相应的时间。
　例　A：図書館は10時までですか。
　　　B：いえ、10時半までです。
(1) A：郵便局は何時からですか。
　　B：8時40分からです。
　　A：何時までですか。
　　B：5時までです。
(2) A：食堂は8時40分からですか。
　　B：いえ、7時からです。
(3) A：病院は何時からですか。
　　B：病院ですか。病院は8時40分からです。
　　A：5時までですか。
　　B：いえ、4時半までです。
(4) A：売店は8時20分までですね。
　　B：ううん、8時40分まで。

3. 听录音，从a～c中选择正确的应答。
(1) A：すみません。売店はどこですか。
　　B：a.あそこです。
　　　　b.8時からです。
　　　　c.はい、あれは売店です。
(2) A：あの建物は何ですか。
　　B：a.あそこです。
　　　　b.どれですか。
　　　　c.向こうの建物です。

(3) A：大学の図書館は何時までですか。
    B：a．8時からです。
       b．日曜日は休みです。
       c．夜10時までです。
(4) A：あの人は鈴木さんじゃありませんか。
    B：a．そうですね。
       b．鈴木さんはとても親切です。
       c．鈴木さんは高橋さんの先輩です。
(5) A：京華大学はどんな大学ですか。
    B：a．大学の授業は8時からです。
       b．新しい大学です。
       c．向こうの建物です。

六、课文翻译

ユニット1 校园

（赵媛媛和高桥美穗一起走在校园里）

高桥：赵媛媛，小卖部在什么地方？
赵　：小卖部在那个楼里。
高桥：哪个楼呀？
赵　：那座白色的楼。
高桥：哦，是那座楼啊。对面那个楼是哪儿啊？
赵　：哪个？
高桥：那座大楼。
赵　：哦，那是图书馆。
高桥：是吗，图书馆真气派啊！

（两个人走进图书馆，赵媛媛边走边向高桥介绍）

赵　：这是阅览室。汉语杂志都在这儿呢。
高桥：日语杂志也在这儿啊。检索用的电脑在哪儿？
赵　：在那边儿。
高桥：哦，在那儿呀。那借书处在哪儿？
赵　：（赵指着高桥后面的借阅台）在那儿。

第3課　キャンパス・スケジュール

高桥：（回过头看看身后）哦，是这儿啊。不好意思……
赵　：怎么了？
高桥：（小声说）那个，洗手间在哪儿啊？
赵　：哦，卫生间在那边儿。
高桥：谢谢。我去一下。
（去洗手间）

2 课程安排

（清晨，小王和高桥、铃木走在校园里）
高桥：本科生1节课多长时间？
王　：100分钟。日本的大学也是100分钟1节课吗？
高桥：不，是90分钟。
王　：哦，1个半小时呀。
高桥：是的，中国的大学几点开始上第1节课啊？
王　：早上8点开始上课，下午一般上到4点40分。
高桥：是吗。今天也是这样吗？
王　：不，今天要上到6点40分。
铃木：我的课上到4点40分，但星期四是到6点40分。

（三人坐在校园的长椅上，铃木从书包里拿出课程表看）
高桥：那是你的课表吗？
铃木：是的。你看，星期四的选修课是从傍晚5点到6点40分。
王　：（小王看了看铃木的课程表）呦，现在不是上吴老师的《中国史》吗？
铃木：不，星期一的第1节课是自习时间。
高桥：今天可是星期二……
铃木：啊，糟了！王宇翔、高桥，回头见！（向远处跑去）

（高桥举着铃木忘在长椅上的书高喊）
高桥：铃木！你的《中国史》落这儿了！（铃木没有听见）
　　　（转向小王）吴老师怎么样啊？
王　：可严厉了。

3 社团信息

《遣唐史》10月号
（迎新专刊）

各位日本留学生、各位新同学：
欢迎大家来到"遣唐史会"。
"遣唐史会"是日本留学生会。

会　　　员：京华大学日本留学生（30人）
活　　　动：印发新闻简报、举办研讨会和交流会等
活 动 日：每周五（下午4点到6点半）
活动地点：留学生会馆2层小会议室
会　　　刊：《遣唐使》

大家好！我是会长山田香织，经济系四年级，我的专业是中国经济，毕业论文的题目是《中国的股票市场》，请多关照！

大家好！我是副会长铃木真一，历史系二年级，专业是中国史，请多关照！

通知
"遣唐使会"迎新会！

时间：10月20日（星期六）18：00～
地点：留学生会馆1层 大会议室
会费：会员50元（新生免费）
菜肴：饺子、寿司等

第4課　日本語の勉強

一、教学目标

1. 能够用日语谈论对人或事物的印象、感想。
2. 能够初步掌握日语日记的写法。
3. 受到夸赞、表扬时，能够谦虚地回应。
4. 通过表达自身感受，相互交流，增进同学之间的相互了解。

二、语言知识点、学习重点及教学实施建议

ユニット1

1. 语言知识点及学习重点

语言知识点	学习重点
① 形容词谓语句 ② 敬体与简体 ③ 形容词的敬体非过去时 ④ が〈主体(主语、疑问)〉 ⑤ そんなにA_Iくないです / A_Ⅱではありません〈程度不高〉 ⑥ Nはどうですか (1)〈询问看法〉 ⑦ あまりA_Iくないです / A_Ⅱではありません〈程度不高〉	(1) 运用形容词谓语句谈论对身边事物的印象和感想。 (2) 运用「そんなにA_Iくないです / A_Ⅱではありません」表达自己的感受。 (3) 运用「Nはどうですか」询问对方看法，了解与「どんなNですか」的区别。

2. 教学实施建议

　　由于学生能够输出的语言形式有限，所以初级阶段课文的教学过程更加需要仔细设计，帮助学生在有限的语言知识条件下，表达自己的想法。本单元可以让学生用自己的语言说明会话文的主要信息。第2单元可以让学生从课文中找出关键词，用日语说明。例如「王さんの試験」「高橋さんの中国語の授業」「三保健介」等。

ユニット2

1. 语言知识点及学习重点

语言知识点	学习重点
① Nはどうでしたか〈询问过去的情况〉 ② 形容词的敬体过去时 ③ は〈对比〉 ④ が〈转折〉 ⑤ N_1もN_2も〈并列〉 ⑥ Sよ〈主张、提示〉 ⑦ Nのとき〈状态的时间〉 ⑧ その〈指示〉 ⑨ N_1はN_2でした〈名词谓语句的过去时〉 ⑩ Nと同じ〈类同〉 ⑪ N_1はN_2がAです〈主谓谓语句〉 ⑫ Nはどうですか(2)〈建议〉	(1) 运用「N_1もN_2も」表示不同主题、同一谓语。 (2) 运用「N_1はN_2がAです」表示"全景式"描写的形容词主谓谓语句。 (3) 运用「Nはどうですか(2)」表示建议，并与上一课表示寻求评价的「Nはどうですか(1)」做对比。 (4) 用过去式表达系列描述自己对过去发生的事情的印象、感受等。

2. 教学实施建议

鼓励学生使用形容词描述身边的人和事，扩大单词量，做好更多语言输出的准备。

ユニット3

1. 语言知识点及学习重点

语言知识点	学习重点
① 形容词的简体非过去时、过去时 ② 名词谓语句的简体形式 ③ 形容词的第二连用形（A_Iくて/A_{II}で） ④ だから/ですから〈因果关系〉	(1) 运用「A_Iくて/A_{II}で」表示形容词谓语句的中顿与并列、原因等。 (2) 运用「だから/ですから」表示因果关系复句。

2. 教学实施建议

学习简体时要帮助学生体会语言形式与使用条件密切相关，不能简单地进行形式的替换，培养学生根据不同的目的、对象选择语言表达形式的意识。

三、教学重点

（一）词汇教学重点

1. やさしい

本课出现的「やさしい」一词在日语中意义十分丰富。例如：「やさしい人、やさしい言葉、やさしい先輩、やさしい顔、やさしい手、やさしい大学、やさしい（優しい・易しい）日本語」等，可以根据学生的实际情况适当扩展，一方面帮助学生丰富表达形式，另一方面启发学生理解词汇并非一一对应，学习词汇不能只凭借简单的翻译。

在「やさしい」使用例的展示过程中，有些例子可以让学生自己推测、翻译，还可以让学生尝试与其他词的组合。对有争议的例子，可以在课堂上一起检索网络信息，帮助学生学习用日语查询单词的方法。

（二）语法教学重点

1. 形容词谓语句及形容词的敬体非过去时（→ 条目1, 3）

第3课学习了形容词连体形修饰名词的用法，本课的学习重点是形容词谓语句。进入新课前可先复习之前学过的所有形容词。

a. 学生在学习敬体非过去时谓语句时，容易将「くないです」与「では（じゃ）ありません」混淆，经常出现以下错误：

(1) ×難しいではありあせん／×難しいじゃないです。
　　→難しくありません／難しくないです。

(2) ×大きいではありません／×大きいじゃないです。
　　→大きくありません／大きくないです。

b. 可将Ⅰ类形容词和Ⅱ类形容词分别直观列出，使用「大きい／小さい」「古い／新しい」「やさしい／厳しい」「簡単／複雑」「静か」「便利」等词反复练习，增强语感，直至完全掌握。形容词「いい」经常使用（本课第2单元），其否定形式「よくないです」不易掌握，可提前练习。

c. 可引导学生对校园、晚会、食堂等进行描述。

2. 敬体与简体（→ 条目2）

日语的语体分为敬体（「丁寧体」）和简体（「普通体」），汉语中没有此概念，学生不易掌握。

本课在第3单元引入形容词及名词的简体形式。

3. が〈主体（主语、疑问）〉（→ 条目4）

「は」和「が」的区分是教学中的难点。

疑问词＋が＋已知信息＋ですか。→ どの学生が二年生ですか。
　　　　　　　　　　　　　　　　王さんが二年生です。

已知信息＋は＋疑问词＋ですか。→ 王さんは何年生ですか。
　　　　　　　　　　　　　　　→ 王さんは二年生です。

需要特别强调：
疑问词的前面需要用「は」，疑问词的后面不能用「は」，要用「が」。

4. そんなにA₁くないです／A₁ではありません〈程度不高〉（→ 条目5）

「そんなに」是副词，与表示状态的否定的谓语形式呼应使用，表示说话人对对方提出的或自己已掌握的事物的程度进行部分修正。

(1) 日本語はそんなに難しくないです。
(2) お金はそんなにないです。
(3) あの歌手はそんなに有名ではありません。

5. Nはどうですか（1）〈询问看法〉（→ 条目6）

「Nはどうですか」用于询问对方的意见、感想、印象等。
「どんなNですか」用于询问人或事物的性质、状态等。
询问过去情况的「Nはどうでしたか」将在第2单元学习。

例：日本語の勉強
　　新入生
　　北京の生活
　　～さんのクラス ｝はどうですか。
　　この学校
　　大学の図書館
　　大学病院

1. 形容词的敬体过去时（→ 条目2）

此处最大的难点为，学生往往出现以下错误：不能正确使用Ⅰ类形容词敬体过去

时的形式，该错误甚至会延续至二年级或更长。
(1)×試験は難しいでした／×試験は難しいかったです。
→試験は難しかったです。
(2)×試験は難しく（は）ないでした。
→試験は難しく（は）なかったです。

注意强调「いい」的过去时为「よかった」，过去否定形式为「よくなかった」。

2. は〈対比〉（→ 条目3）

a.「は」是凸显助词（「取り立て助詞」），导入时可先复习在第2课学习「N_1はN_2です〈名词谓语句〉」时学过的「は」用于提示主语或话题的用法，之后讲解表示对比的用法。
(1)デザインはいいですが、色はあまりよくないです。
(2)夏は暑いですが、冬は寒いです。
(3)猫は好きですが、犬はあまり好きではありません。
(4)あそこは交通は便利ですが、生活は不便です。

b. 在表示对比时，将「は」错用为「が」是常见的错误，应强调。如：
(1)×入学が簡単ですが、卒業が難しいです。

c. 后面学习动词谓语句后，可再次复习此用法。如
(1)朝ご飯は食べませんが、昼ご飯はたくさん食べます。
(2)日本語にはあるが、中国語にはない。

d.「は」表示对比的用法，与「おいしくはない」「全部はない」（第10课第3单元）中的「は」是相通的。

3. が〈转折〉（→ 条目4）

语法解说中，只列出了「～は～が、～は～」这样表示两项事物对比的例句，稍显不足，可补充以下例句。
(1)日本語の勉強は難しいですが、楽しいです。
(2)あの店の料理は安いですが、おいしいです。

4. Sよ〈主张、提示〉（→ 条目6）

终助词「よ」用于说话人将听话人未掌握的信息传递给对方。学生学习时容易与第2课学习的表示双方共有信息的「ね」混淆。可举例：

(1)〈两人早晨在路上遇到〉今日は寒いです{○ね／×よ}。→共同感受
(2)〈早上出去后又回来的人对还没出门的人〉今日は寒いです{×ね／○よ}。→提醒

5. その〈指示〉(→ 📖 条目8)

此处的「その」与第2课学习过的表示「現場指示」的「その」不同，此处的用法为「文脈指示」，即前文或前面的对话中提到过的人或事物。可强调：指示只有说话人或听话人一方掌握的信息时，用「その」（更为复杂的用法以后学习）。

由于日语中表达指示的有「こ、そ、あ」，而汉语中只有"这，那"，所以指示词的学习是个难点，其中「その」易与「あの」混淆。

6. N_1はN_2がAです〈主谓谓语句〉(→ 📖 条目11)

此句式是日语中的常用句式，其代表例句是「象は鼻が長い」，用于表示人或事物的属性、特征。初学时往往不能理解其与「N_1のN_2がAです」的区别，可重点讲解前者关注的焦点在于N_1，后者关注的焦点在于N_2。

该句式中，N_1（主题）和N_2之间一般为整体与部分或主体与侧面的关系，N_2也可以表示感情或能力等的对象。

例句（个别单词未学）：

(1)あの人は{頭がいいです／背が高いです／足が速いです}。
(2)高橋さんは{髪が長いです／目がきれいです}。
(3)中国は{人口が多いです／料理がおいしいです}。
(4)王さんは{数学が苦手です／得意です}。
(5)私は{リンゴが好きです／バナナが嫌いです／バナナが好きではありません}。
(6)旅行はお金が必要です。
(7)田中さんは奥さんがアメリカ人です。

今后学习动词及「Nがほしい」后，可与此句式关联。

(7)私はお金がある。
(8)あの人は英語が分かる。
(9)姉は子供が二人いる。
(10)私はパソコンがほしいです。

ユニット 3

1. 名词、形容词谓语句的简体形式（→ 📖 条目1, 2）

　　a. 形容词「いい」的变化形式比较特殊。

　　いいです→よくないです→よかったです→よくなかったです

　　いい／よい→よくない→よかった→よくなかった

　　b. 名词、形容词谓语疑问句的简体形式需要注意。

　　c. 名词谓语句及Ⅱ类形容词谓语句的简体后接助词「ね」「よ」时，女性一般用「そうね」「簡単よ」，男性则应使用「そうだね」「簡単だよ」。

2. だから／ですから〈因果关系〉（→ 📖 条目4）

　　接续词「だから」表达较强的因果关系，即前句叙述原因，后句叙述得出的结果，一般为说话人的判断、主张等。

　　「だから」是较为主观的表达方式，可用于口语及作文、日记等，不用于正式的文体及论文中。

　　「だから」与将来学习的「それで」「そこで」的区分是个难点。

四、学习手册答案

自我检测

Ⅰ. 文字、词汇、语法

1. (1)いそが　　(2)せいかつ　　(3)くら　　(4)せんしゅう　　(5)ひらがな
　　(6)しず　　(7)じゅぎょう　　(8)ひろ　　(9)さむ　　(10)りょうり

2. (1)暑　　(2)難　　(3)漢字　　(4)親切　　(5)交換
　　(6)留学生　　(7)古　　(8)勉強　　(9)遠　　(10)金曜日

3. (1) c　　(2) c　　(3) ①b　②a

4. (1)明るい　　(2)少ない　　(3)黒い　　(4)小さい　　(5)悪い
　　(6)複雑だ　　(7)新しい　　(8)汚い　　(9)狭い　　(10)上手だ

5. (1)は、が／の、は　　(2)は、が、は　　(3)と
　　(4)よ　　(5)も、も　　(6)が、が

6.(1)a　(2)b　(3)b　(4)a　(5)d

7.(1)きれいで
　(2)楽しかった（です）［楽しくなかった（です）・楽しくありませんでした］
　(3)簡単ではありませんでした（簡単ではなかった）
　(4)近く（近くて）
　(5)大変だった（大変でした）
　(6)赤い
　(7)上手では
　(8)忙しくなかった（です）（忙しくありませんでした）
　(9)安く
　(10)にぎやかな

8.(1)私は買い物が下手です。
　(2)昨日の午後はサークルの時間でした。
　(3)先週の天気はとてもよかったです。
　(4)A：昨日の試験はどうでしたか。
　　B：あまりむずかしくなかったです。（ちょっとむずかしかったです）
　(5)A：どれが李さんのですか。
　　B：これが私のです。
　(6)A：林さん、かわいいカバンですね。
　　B：どうもありがとう。

9.(1)d　(2)d　(3)c　(4)c

10.(1)d　(2)b　(3)a　(4)c　(5)c

11.(1)きろく　　(2)ざんぎょう　(3)りゅうい
　 (4)こうかい　(5)めいじん　　(6)もんだい

Ⅱ．听力

1.(1)古くて小さいです。
　(2)広くて明るいです。

(3) 小さくて新しいです。
(4) 広いですが、暗いです。

2. (1) b　(2) a　(3) d　(4) b

3. (1) c　(2) b　(3) b　(4) a　(5) b

Ⅲ. 阅读
1. (1) ○　(2) ○　(3) ×　(4) ○

五、学习手册听力录音

实力挑战
听录音，回答录音中的问题。
(1) お名前は何ですか。
(2) 今年おいくつですか。
(3) ご家族は何人ですか。
(4) 大学の生活はどうですか。
(5) 寮の部屋は何番ですか。何人いますか。
(6) みんな日本語学科の一年生ですか。
(7) 授業は何時からですか。
(8) 日本語は難しいですか。
(9) 日本語の勉強は楽しいですか。
(10) 日本語の先生は日本人の方ですか、中国人の方ですか。

自我检测
1. 听录音，完成下表。
　　(1) 高橋さんのかばんは古くて小さいです。
　　(2) 高橋さんの部屋は広くて明るいです。
　　(3) 田中さんのかばんは小さくて新しいです。
　　(4) 田中さんの部屋は広いですが、暗いです。

2. 听录音，仿照例子选择正确答案。
　　例　質問：日本語は難しいですか。

A：王さん、日本語は難しいですか。
B：いいえ。毎日楽しくて。
質問：日本語は難しいですか。
　a．難しいです。
　b．ちょっと難しいです。
　c．とても難しいです。
　d．難しくないです。

(1)質問：ホテルの部屋は広いですか。
　A：あのホテルはどうですか。
　B：とってもきれいです。
　A：部屋はどうですか。
　B：部屋もきれいです。でもあまり広くはないです。
質問：ホテルの部屋はどうですか。
　a．とても広いです。
　b．そんなに広くないです。
　c．きれいじゃありません。
　d．そんなにきれいじゃありません。

(2)質問：大学の食堂は高いですか。
　A：高橋さん、大学の食堂はどうですか。
　B：安くておいしいです。
質問：大学の食堂はどうですか。
　a．安いです。そしておいしいです。
　b．安いですが、おいしくないです。
　c．高いです。そしておいしいです。
　d．高いですが、おいしいです。

(3)質問：辞書は高かったですか。
　A：劉さん、それは日本語の辞書ですか。
　B：ええ。
　A：高いでしょう。
　B：いいえ、あまり高くありませんでした。
質問：辞書は高かったですか。
　a．高かったです。
　b．とても高かったです。

　　　　c．少し高かったです。
　　　　d．そんなに高くなかったです。
（4）質問：何が難しいですか。
　　　A：木村さん、中国語の勉強はどうですか。
　　　B：とっても難しいです。
　　　A：漢字が難しいですか。
　　　B：いえ、発音が難しいです。
　　質問：何が難しいですか。
　　　　a．漢字　　b．発音　　c．中国語　　d．勉強

3. 听录音，从a～c中选择正确的应答。
（1）A：日本語はお上手ですね。
　　　B：a．ごめんなさい。
　　　　　b．ええ？
　　　　　c．いいえ、まだまだです。
（2）A：日曜日の午後はどうですか。
　　　B：a．はい、こんにちは。
　　　　　b．はい、大丈夫です。
　　　　　c．こちらこそ。
（3）A：あの本はどうですか。
　　　B：a．あまり遠くないです。
　　　　　b．とてもおもしろいです。
　　　　　c．そんなに元気ではありません。
（4）A：私たちも、相互学習はどうですか。
　　　B：a．いいですね。
　　　　　b．はじめまして。
　　　　　c．どうもすみませんでした。
（5）A：どれが会話の教科書ですか。
　　　B：a．あまり難しくないです。
　　　　　b．これじゃありませんか。
　　　　　c．ぜひよろしくお願いします。

六、课文翻译

ユニット 1 日语学习

（日语专业一年级学生，正在上基础日语课）

陈老师：同学们，你们觉得日语难吗？

黄　　：是的，很难。

陈老师：什么地方难呢？

黄　　：助词难。

刘　　：「こそあど」也难。

陈老师：不过汉字容易吧。

孙　　：不太容易。

陈老师：是吗，平假名和片假名呢？

孙　　：平假名和片假名比较容易。

陈老师：日语的发音怎么样？

刘　　：发音不太难，不过声调有点难。

陈老师：那听力呢？

刘　　：教材的录音有点快，但基本上没问题。

陈老师：是吗，今天第1节课我们考听力。

黄、刘、孙：啊？！

孙　　：难吗？

陈老师：嗯，很难。

黄、刘、孙：啊！

ユニット 2 互学

（小王和高桥在校园里聊天）

高桥：王宇翔，昨天考得怎么样？

王　：考试啊，日本史不难，但翻译挺费劲的。高桥你的汉语课上得怎么样啊？

高桥：这个嘛，阅读还行，发音很难，听力作业也不太容易。汉语的听力和发音都够难的啊。

王　：是吗，日语也很难啊。

高桥：你的日语真的很不错啊。

王　：不，还不行，不过一年级时候的"互学"效果很好，"互学"的同学现在还是

我的好朋友呢。
高桥：他现在在日本吗？
王　：是的，他是一年的交换留学生，叫"三保（miho）"。
高桥："美穂（miho）"吗？和我的名字一样啊。
王　：不不，他叫"三保健介"，是男的。
高桥：哦，是这样啊，我的名字「みほ」是「み」发得高，三保的「みほ」是「ほ」发得高。
王　：哦哦，对不起！日语的声调真难啊。高桥，我们也"互学"怎么样？
高桥：好啊，请你一定多关照！

3 高桥的日记

　　留学生活第3周。最初的一周很辛苦，搬家、办各种手续、购物、注册报到……，忙疯了！现在生活基本稳定下来了。

　　上周是上汉语课的第1周。作业很多，也不太容易。汉语发音很难，汉字还好。不过日本和中国的汉字并不一样，必须得注意。

　　我们班主任是林老师，他很和蔼。虽然教材无趣，但课上得很愉快。

　　中国朋友热情友善，大家都很好。王宇翔和赵媛媛更是温和体贴。从明天起王宇翔和我要一起"互学"啦，他很有礼貌，日语也很好。（可惜不是帅哥。啊，王宇翔，对不起了！）

第5課　高橋さんの留学生活

一、教学目标

1. 能够用日语简单描述日常生活中的习惯。
2. 能够用日语与朋友约定时间。
3. 能查找资料，梳理中日两国之间的词汇交流历史。
4. 培养主动与同学沟通的意识，接受、认同彼此不同的行为方式。

二、语言知识点、学习重点及教学实施建议

ユニット1

1. 语言知识点及学习重点

语言知识点	学习重点
① 动词 ② 动词的类型 ③ 动词的敬体〈肯定、否定〉 ④ 动词的非过去时〈习惯、反复〉 ⑤ を〈客体〉 ⑥ で〈处所〉 ⑦ 表示频率的时间副词与名词 ⑧ で〈工具、手段〉 ⑨ が〈主体〉 ⑩ 自动词和他动词	(1) 运用「を、で、が」等格助词表示动词与名词的不同意义关系。 (2) 搭配使用动词、助词、副词等，描述自己的日常生活。

2. 教学实施建议

(1) 结合学生的日常生活情况，引导其掌握时间副词的频率用法。
(2) 通过图片、视频以及具体情景设置等方式展示助词用法，帮助学生理解助词。
(3) 引导学生体会"互联网+"政策下中国国民生活方式发生的巨大变化。
(4) 格助词的主要作用是在句子中与谓语部分（前面提到的名词谓语句、动词谓语句和形容词谓语句）发生意义上的关联。本课学习的是动词谓语句，在本单元要帮助学生理解日语自动词、他动词的概念。

第5課　高橋さんの留学生活

ユニット2

1. 语言知识点及学习重点

语言知识点	学习重点
① 动词的非过去时〈将来〉 ② Nのあと（で）〈先后顺序〉 ③ に〈目的地〉 ④ とか〈举例〉 ⑤ を〈出发点〉 ⑥ に〈时间点〉	(1) 运用「に、を」等格助词表示动词与名词的不同意义关系，并注意梳理同一格助词的不同意义用法。 (2) 运用「とか」表示部分列举，并与第3课的「N_1やN_2など」进行对比。 (3) 进一步运用动词和助词，表述自己的生活，丰富自己的表达。

2. 教学实施建议

(1) 引导学生理解并掌握日语动词的"时（制）"（「テンス」），能够根据需要正确使用动词的非过去时和过去时，并能够准确使用相应的格助词。

(2) 在本单元中，就出现了格助词「を」的第二个用法——"出发点"，启发学生注意同一个助词在不同语境中，搭配不同名词、动词可以表达不同的意义，鼓励学生有意识地梳理、积累助词的用法，避免混淆。

ユニット3

1. 语言知识点及学习重点

语言知识点	学习重点
① 动词的简体（肯定、否定） ② あまり/全然～ない〈动作频率〉	(1) 运用「あまり/全然～ない」表示"不太……"和"完全不……"等频率、程度等意义。

2. 教学实施建议

帮助学生思考、掌握制作调查问卷的基本思路。

作为拓展练习可以让学生根据自己的兴趣制作一份调查问卷。通过小组讨论修改、完善各自的问卷，并使用问卷进行实际调查。

三、教学重点

（一）词汇教学重点

(1) 通过阅读第2单元最后语法专栏、学习格助词的思维导图，帮助学生奠定好关于动词、格助词的学习基础，并可以通过汉语中的"中**体**西**用**"等知识帮助学生理解语法术语中"体词""用词"中"体"和"用"的含义。

(2)提醒学生梳理本课中出现的表示频率的副词。

(二)语法教学重点

1. 动词（→ 📖 条目1, 2, 3）

　　a. 注意引导学生掌握动词词尾的形态特点，能够区分动词的类型。

　　b. 动词敬体的构成涉及大量的形态变化，需要反复练习。三种动词之中，Ⅲ类动词最少、最特殊，Ⅱ类动词规则简单，Ⅰ类动词相对复杂一些，所以不妨按照Ⅲ类→Ⅱ类→Ⅰ类动词的顺序进行讲解、练习。

2. 动词的非过去时〈习惯、反复〉（→ 📖 条目4）

　　与英语等语言不同，日语的"时"采用二分法，分为"过去"与"非过去"两种（"非过去"包括"现在""将来"）。注意引导学生理解动词非过去时的语法意义，主要有两种：

　　① 表示经常性、习惯性、反复性的动作（注意不是"现在正在进行的动作"），这是本单元的学习内容；

　　② 表示将要发生的动作、行为，这种用法将在本课第2单元学习。

3. で〈处所〉（→ 📖 条目6）

　　注意「で」表示动作、行为进行的处所，有别于「に」，它表示的是存在的处所。本课学习了一些基本的动词，可以将助词、动词组合在一起，做"在某处做某事"的练习。例如：

　　教室で勉強します　　　部屋でテレビを見ます　　　食堂でご飯を食べます

4. 自动词和他动词（→ 📖 条目10）

　　大多数自动词和他动词从语义的角度可以比较容易区分出来，如"吃、喝、写、做"等动作需要对象，是他动词；"存在、跑步、发怒"等动作完成时只需要动作的主体，不涉及对象，是自动词。不过也有少数动词和汉语表述习惯不一样，例如"回答""发展"在汉语中都可以带宾语，但日语中的「答える」「発展する」都是自动词，不能与「を」格名词共现。

　　a. 回答问题：×質問を答える→質問に答える

　　b. 发展农业：×農業を発展する→農業が発展する（農業を発展させる）

第5課　高橋さんの留学生活

1. Nのあと（で）〈先后顺序〉（→ 条目2）

　　注意引导学生掌握句型的结构与接续，初学者容易产出「～あとに」等表达。「～あとで」也可前接动词（「Vたあとで」），本课出现的是「动作性名词+の」的形式。动作性名词一般可以后续「する」构成Ⅲ类动词，如「授业する、勉强する、买い物する、散步する、会议する」等，部分动词的第一连用形也可构成动作性名词，如「帰り」。

2. に〈目的地〉（→ 条目3）

　　a. 注意格助词语法意义的多样性。同一形式的格助词，往往具有多种语法意义（见教材中语法专栏(1)的"格助词"），需要仔细辨别。

　　b. 提醒学生注意格助词表达的意义应与动词的语义类型匹配。如表目的地的「に」，一般和表移动动作的动词共现。

1. 动词的简体〈肯定、否定〉（→ 条目1）

　　此前接触到的动词都是敬体形式，本课首次出现动词的简体形式。简体的变形规律比较复杂，建议按照Ⅲ类→Ⅱ类→Ⅰ类的顺序进行讲解，给出大量词例，反复练习。

　　为强化学习效果，也可结合第2单元及此前学过的格助词，做一些词组的练习，如：

地図を買う／買わない　　　　　　家に帰る／帰らない
日本に行く／行かない　　　　　　ボールペンで手紙を書く／書かない
映画館で映画を見る／見ない

四、学习手册答案

实力挑战

中国记者：こんにちは。日本人留学生の方ですか。
日本学生：是的。
中国记者：どの大学ですか。
日本学生：我在京华大学学汉语。
中国记者：そうですか。中国語は難しいですか。
日本学生：非常难，发音、语法都很难。
中国记者：でも漢字は簡単でしょう。
日本学生：嗯，汉语的汉字和日语不一样，还是难。不过学习很愉快。

中国记者：生活はどうですか。
日本学生：刚开始的时候很辛苦，现在没问题了。
中国记者：食事はどうですか。
日本学生：我几乎都在学校食堂吃，中国料理很好吃。
中国记者：それはよかったですね。
日本学生：我非常喜欢中国。
中国记者：ありがとうございます。頑張ってください。
日本学生：我一定会努力的。

自我检测

Ⅰ.文字、词汇、语法

1. (1) しょうせつ　(2) か　　　(3) か　　　(4) おく
   (5) よ　　　　(6) べんり　　(7) き　　　(8) よじかん
   (9) で　　　　(10) どりょく

2. (1) 連絡　(2) 春節　(3) 寮　　(4) 資料　(5) 注文
   (6) 食堂　(7) 宿題　(8) 使　　(9) 掃除　(10) 地図

3. (1)—c　(2)—e　(3)—g　(4)—d　(5)—f　(6)—b　(7)—a

4. (1) a　(2) b　(3) c　(4) d　(5) c　(6) d　(7) a　(8) b

5.

見る	見ます	見ない	見ません
食べる	食べます	食べない	食べません
買う	買います	買わない	買いません
書く	書きます	書かない	書きません
探す	探します	探さない	探しません
待つ	待ちます	待たない	待ちません
読む	読みます	読まない	読みません
送る	送ります	送らない	送りません
する	します	しない	しません
来る	来ます	来ない	来ません

第5課　高橋さんの留学生活

6. (1)に　(2)が　(3)が　(4)から　(5)で
　(6)で　(7)×、で　(8)から　(9)に、を　(10)で

7. (1)b　(2)b　(3)a／c　(4)a／b　(5)a

8. 略

9. (1)しゃない　(2)ようじ　(3)がくぎょう　(4)つうがく　(5)しんねん
　(6)しんよう　(7)どうが　(8)ちゅうか　(9)こせい　(10)きょうげき

Ⅱ．听力

1. (1)E　(2)B　(3)D　(4)C

2. (1)d　(2)b　(3)b

3. (1)c　(2)b　(3)c　(4)a

Ⅲ．阅读

1. (1)×　(2)×　(3)×　(4)○　(5)×

五、学习手册听力录音

5. 推测以下外来词的读音，听录音确认。体会外来词的读音规律。
(1)ニュース　(2)モール　(3)スマートフォン　(4)ネットショッピング
(5)デリバリー　(6)サッカー　(7)アプリケーション

实力挑战
听录音，请你帮助录音中的记者完成采访工作。
中国记者：你好。请问你是日本留学生吗？
日本学生：はい、そうです。
中国记者：你在哪个学校？
日本学生：京華大学で中国語を勉強しています。

中国记者：是吗，你觉得汉语难吗？
日本学生：たいへん難しいです。発音も文法も難しいです。
中国记者：但是汉字简单吧。
日本学生：まあ、中国語の漢字は日本語と同じではありません。難しいです。でも勉強は楽しいですよ。
中国记者：生活上有什么问题吗？
日本学生：最初は大変でしたが、今は大丈夫です。
中国记者：吃饭怎么样？
日本学生：ほとんど学食で食べます。中国料理はおいしいです。
中国记者：太好了！
日本学生：中国が大好きです。
中国记者：谢谢你！加油啊！
日本学生：はい、頑張ります。

自我检测

1. 听录音，仿照例子选择正确答案。

例　私は毎朝食事のあとで顔を洗います。

(1) 私は毎日授業のあとで図書館で勉強します。
(2) A：毎晩、食事のあと何をしますか。
　　B：部屋でテレビを見ます。
(3) A：授業のあと、いつも何をしますか。
　　B：バスケットボールをします。
(4) 私は毎朝、食事のあとで音楽を聴きます。

2. 听录音，仿照例子选择正确答案。

例　質問：孫さんはどこで勉強しますか。

　　A：孫さんは毎日図書館で勉強しますか。
　　B：図書館は人が多いから、ほとんど行きません。
　　A：じゃ、教室でですか。
　　B：教室もうるさいですよ。
　　A：そうですか。
　　B：ええ、第3食堂の隣の喫茶店は静かで、いいですよ。お茶も安いです。私はよくそこで勉強します。

質問：孫さんはどこで勉強しますか。
　　a. 図書館です。
　　b. 教室です。
　　c. 第3食堂です。
　　d. 喫茶店です。

(1)質問：高橋さんは何時に寝ますか。
　　A：高橋さんはいつも何時ごろ寝ますか。
　　B：そうですね。晩ご飯を食べて、8時半ごろまでテレビを見ます。
　　A：そうですか。
　　B：それから、3時間ぐらい勉強して、そのあとすぐ寝ます。
　質問：高橋さんは何時ごろ寝ますか。
　　a. 3時ごろ寝ます。
　　b. 8時半ごろ寝ます。
　　c. 10時半ごろ寝ます。
　　d. 11時半ごろ寝ます。

(2)質問：どれが正しいですか。
　　A：学校の食堂はどうですか。
　　B：ギョーザとかマントウとかはおいしいですが、パンなどはおいしくないです。
　　A：そうですか。
　　B：果物は安くておいしいですよ。
　　A：いろいろありますね。
　質問：どれが正しいですか。
　　a. ギョーザもパンもおいしいです。
　　b. マントウも果物もおいしいです。
　　c. パンもマントウもおいしいです。
　　d. 果物もパンもおいしくないです。

(3)質問：どれが正しいですか。
　　A：趙さんは？
　　B：2時ごろ寮を出ましたよ。
　　A：えっ？2時ですか。たいへん。
　質問：どれが正しいですか。
　　a. 趙さんは寮にいます。

b. 趙さんは寮にいません。

c. 趙さんは2時に寮に帰ります。

d. 趙さんは2時から寮にいます。

3. 听录音，从a~c中选择正确的应答。

(1) A：李さん、私たちも相互学習どうですか。

　　B：a. どうぞ。

　　　　b. 大変ですね。

　　　　c. いいですね。

(2) A：明日の会議、4時ごろはどうですか。

　　B：a. こちらこそ。

　　　　b. 大丈夫です。

　　　　c. どうぞよろしく。

(3) A：明日インターネットで資料を探します。

　　B：a. またあとで。

　　　　b. ごめんなさい。

　　　　c. 手伝いますよ。

(4) A：王さんはよくネットゲームをしますか。

　　B：a. ほとんど。

　　　　b. それではまた。

　　　　c. いいえ、まだまだです。

六、课文翻译

ユニット1 智能手机

（晚饭后，王、李与高桥、铃木闲聊）

高桥：你们在哪儿买零食、水果呀？

李　：我几乎都在网上买。

王　：我也是。

高桥：网络真方便啊。

李　：对，我经常用手机的app买书、买零食什么的。

王　：我也是。有时候还用手机点外卖。

铃木：我经常用手机看足球比赛。

王 ：我几乎每天都看日语新闻。
高橋：是吗。平时交流用什么呢？社交软件吗？
李 ：对，每天都用。
高橋：邮件呢？
王 ：几乎不用邮件。都用社交软件联系。
李 ：不过作业是用邮件提交的。
高橋：上课也用手机吗？
李 ：用啊！查单词。不过，有时候手机也会响。
高橋：老师不生气吗？
王 ：当然生气了。

② 咖啡厅

（高桥等几人来到学校附近的咖啡馆）
高橋：啊，这儿好宽敞好安静啊。明天下课后我要来这里做作业。李东、王宇翔你们经常来吗？
李 ：经常来啊。不过明天我不来。明天傍晚我要去图书馆。
高橋：是吗。
王 ：我来。高桥，什么作业啊？
高橋：中国文化课的作业。下周要在班里发言。
王 ：是吗。
高橋：我想上网查查春节、中秋节等中国传统节日的资料。
王 ：我来帮你。
高橋：谢谢。
王 ：明天咱们几点从学校出来？
高橋：嗯……，4点40分下课，5点左右怎么样？
王 ：没问题。
高橋：那下课后我跟你联系。
铃木：我也来。
王 ：哦，是吗。（小王有些失望）

3 调查问卷

调查问卷

　　这是有关信息、通讯使用状况的调查问卷，我们将对调查结果进行统计、整理，不会公开个人信息，希望得到您的帮助。

东西大学社会学系三年级
三保健介

请在所选项目前划"√"。
性别：　　□男　　□女
单位：　　□院系　　（　　　）系
　　　　　□研究生院　（　　　）专业　□硕士　□博士
年级：　　□一年级　□二年级　□三年级　□四年级

1. 你每天上网多长时间？
   □a. 不到5小时
   □b. 5-10小时
   □c. 10小时以上

2. 你使用什么电子设备上网？(可多选)
   □a. 智能手机
   □b. 平板电脑
   □c. 电脑

3. 你上网主要做什么？(可多选)
   □a. 网上购物
   □b. 打游戏
   □c. 使用社交媒体
   □d. 收集信息
   □e. 在线学习
   □f. 电子邮件
   □g. 其他（　　　　）

4. 你在网上读日语的文章吗？
   □a. 每天读
   □b. 有时读
   □c. 不读

5. 你使用电子邮件吗？
   □a. 每天使用
   □b. 有时使用
   □c. 不使用

6. 你使用什么app？(可多选)
　　☐ a. 新闻
　　☐ b. 地图
　　☐ c. 社交软件
　　☐ d. 天气
　　☐ e. 网上购物
　　☐ f. 其他

7. 你阅读纸质报纸和杂志吗？
　　☐ a. 每天读
　　☐ b. 有时读
　　☐ c. 不读

8. 你看电视吗？
　　☐ a. 每天看
　　☐ b. 有时看
　　☐ c. 不看

9. 你听广播吗？
　　☐ a. 每天听
　　☐ b. 有时听
　　☐ c. 不听

10. 你写信、写明信片吗？
　　☐ a. 经常写
　　☐ b. 不太写
　　☐ c. 完全不写

　　　　　　　　　　　　　　　感谢你的配合！

第6課　スピーチコンテスト応援

一、教学目标

1. 能够用日语简单叙述过去发生的事情。
2. 能够用日语自然地夸赞和感谢对方，与对方分享自己的心情。
3. 能够用日语简体写日记。

二、语言知识点、学习重点及教学实施建议

ユニット1

1. 语言知识点及学习重点

语言知识点	学习重点
① 动词的敬体过去时	(1) 运用动词的敬体过去时表示过去发生的事情。
② 无助词现象	(2) 运用「Vに行く/来る」表示去/来目的地做某事。
③ Vに行く/来る〈有目的的移动〉	(3) 运用「疑问词+か」表示不确定的时间、地点。
④ に〈对象〉	(4) 运用「N_1かN_2」列举自己想要做的事情。
⑤ 疑问词+か〈虚指〉	
⑥ 疑问词+(格助词+)も〈全称否定〉	
⑦ ところで〈转换话题〉	
⑧ N_1かN_2〈选择性并列〉	

2. 教学实施建议

(1) 日语的客套话丰富，要注意理解、积累这些日本特有的谈话方式。鼓励学生在使用日语与人交往的过程中，在保持中国风格、中国特色的同时，尊重对方的表达习惯。

(2) 向学生介绍各个年级适合（可以）参加的学科竞赛活动，鼓励学生根据自己的兴趣积极参加各类学科竞赛。

第6課　スピーチコンテスト応援

ユニット2

1. 语言知识点及学习重点

语言知识点	学习重点
① あの〈指示〉 ② を〈移动的范围〉	(1) 运用「を」与表示移动的动词一起表示移动的范围，并结合第一单元中学习的动词过去时描述过去发生的事情。

2. 教学实施建议

(1) 鼓励学生仔细观察课文中的对话，体会真实、自然的对话中「ああ」「ええ」「へえ」等应答的重要性。

(2) 鼓励学生利用学习手册和"综合日语"网络平台上的资源自主学习基础语法，课上通过合作学习彼此确认理解情况。可以设计一些帮助学生使用所学语法项目进行交流的活动。培养自主学习的能力和态度。

ユニット3

1. 语言知识点及学习重点

语言知识点	学习重点
① 动词的简体过去时 ② に〈着落点、到达点〉 ③ そして〈顺序、累加〉 ④ と〈相互动作的对象〉〈同一动作的参与者〉 ⑤ へ〈方向〉 ⑥ 形容词的第一连用形（A_Iく／A_{II}に）	(1) 运用「そして」表达动作的先后顺序或者事物的累加。 (2) 运用「形容词的第一连用形（A_Iく／A_{II}に）」表达书面语中形容词的中顿。

2. 教学实施建议

结合学生的实际情况，鼓励学生参考课文介绍自己的大学生活。

三、教学重点

（一）词汇教学重点

1. 在讲解自动词、他动词概念时，可重点提示学生第1单元的「会う」这一类的词，即汉语中可以说"见某人"（如"见朋友"），但日语要用「～に／と会う」来表示。在初级阶段，可以让学生记录下这样的词，如后面课文中将要学习的「参加する」「入る」「行く」等都属于这种情况，要多看多体会。

2. 到目前为止，「こそあど」系列词已经学习了不止一组，可以让学生试着总结这些

「こそあど」系列词在表示单纯的方位指示意义之外，还能表示什么附加意义，例如第2单元的「あの」表示的意义是"说话双方都知道的人、事物等"。「こちら・そちら・あちら・どちら」也是如此，除了表示方位指示外，还可以指称人，且具有尊敬含义。可以引导学生系统总结掌握。

（二）语法教学重点

1. 动词的敬体过去时（→ 条目1）

a. 动词肯定、否定、非过去时、过去时的形式需反复练习，加深印象。对于非过去时与过去时的区分，学生容易出现以下错误：

(1) ×昨日母に電話します。　→　昨日母に**電話しました**。

(2) ×昨日母に電話しません。→　昨日母に**電話しませんでした**。

b. 动词与「が、を、で、に、と」等格助词的搭配使用。可利用学习过的名词和动词反复练习。

学校に来ます／来ません／来ました／来ませんでした

例：教室に入る／本を読む／ゲームをやる／コーヒーを飲む／先生が怒る／恋人に会う／ネットで調べる／スーパーに行く／情報を集める／友達が来る／パソコンを使う／メールを送る／テレビを見る／本屋で本を買う／友達と映画を見る／スマホが鳴る／週末に大学を出る／図書館で勉強する／水曜日にクラスで発表する／授業の後で電話をする

2. 无助词现象　（→ 条目2）

a. 无助词现象在本册第2课及第5课已经出现，由于讲解要涉及与动词的搭配，所以在本课才进行解说。目前简体形式还未学，所以本课中举的例句均为敬体形式，但实际上无助词现象在关系亲密的人之间以及随意的谈话中（简体形式）较为频繁出现。（有时用于新闻标题或广告），此时句末往往有「ね」「よ」等助词呼应使用或为说话人主观意图的表达方式。书面语及讲演等正式场合不宜使用。

b. 该现象最为常见的是两种情况：即句首提示话题的凸显助词「は」的脱落，以及表示名词与谓语间关系的格助词「が」「を」「に／へ」的脱落。「に（对象）」「で」「と」「から」「まで」等一般不能脱落。

名词作为话题出现在句首时的无助词现象，其目的是吸引听话人注意，起到强调的作用。一般说话人和听话人共知的信息为话题时容易发生无助词现象，如「こそ

あ」类指示词、人称代词、共知的事物名词等。

　　c. 助词的脱落有些是在口语中省略了助词，加上助词也可以；有些则不是省略，也就是说句子中加上助词反倒会不自然或者加上后意义会发生变化，这说明无助词本身是具有一定功能的（也有研究者只将后一种情况称为「無助詞」现象）。

　　例：
　　（1）お誕生日｛φ｝、おめでとう。
　　（2）（店員に）ビール｛φ｝、もう一つ。
　　（3）私｛φ｝、行きます。
　　（「私は行きます」具有对比的含义，「私が行きます」具有排他的含义。）
　　其他例句（简体形式未学）：
　　（1）その帽子、素敵ね。
　　（2）ここのパン、とてもおいしいのよ。
　　（3）さっきの人、だれ？
　　（4）どこ行くの。
　　（5）アイスクリーム、食べる？

3. 疑问词＋か〈虚指〉、疑问词＋（格助词＋）も〈全面否定〉（→📖条目5, 6）

　　「疑问词＋か」表示虚指，不确定，回答时要用「はい」「いいえ」。可比较与「疑问词＋が」的不同：
　　（1）誰か行きますか。——いいえ、誰も行きません。／はい、李さんが行きます。
　　（2）誰が行きますか。——李さんが行きます。

4. N_1 か N_2〈选择性并列〉（→📖条目8）

　　虽然都是表示并列，但是第2课第2单元学习的「と」是列举出所有事物，此处的「か」为从二者中选择一个，而第3课第3单元学习的「N_1 や N_2 など」则暗示还有其他要素，注意区分。
　　（1）昨日李さん｛と／×か｝王さんが来ました。
　　（2）パーティーでお菓子｛や／×と／×か｝果物などを食べました。

5. 〜から〜が＋自动词

　　该句式表示以某人或某处为起点，以说话人为终点，发生了人、事或信息的移动。由于与汉语的表达习惯不同，学生不易掌握。

（1）世界中から優秀な学生たちが集まりました。
（2）高橋さんから電話があった。
（3）事務の方から連絡が来た。
（4）学生から意見があった。
（5）隣の部屋からピアノの音が聞こえた。
（6）日本から映画のDVDが届いたんです。（第10课第1单元会话）

ユニット2

1. あの〈指示〉（→ 条目1）

此处的「あの」不是现场指示，而是文脉指示的用法。「あの」指示说话人和听话人共有的信息。回忆较为遥远的过去的事情时，也经常用「あ」系列。

（1）あのごろは楽しかったな。

2. を〈移动的范围〉（→ 条目2）

此处在讲解时需要特别强调的是：虽然与「を」格名词搭配使用，但是这里的动词不是他动词，而是表达移动的自动词。即：可与「を」格名词搭配使用的动词包括他动词和表达移动的自动词。

可视情况补充：「山を登る」「橋を渡る」「角を曲がる」「駅前を通る」等。

ユニット3

1. 动词的简体过去时（→ 条目1）

此项目的难点如下：

a. 动词「Vた」的变形。尤其需反复练习「る」为词尾的Ⅰ类动词，以及Ⅲ类动词中的「来る」。

b. 会话中，学生不易掌握敬体与简体的区别。目前教材中出现的会话均为敬体形式，但是学生在动漫、影视剧或与日本人的会话中接触到很多简体形式，容易受到影响，在会话中会想要使用简体形式。可提示学生：在日语初学阶段，应首先掌握好敬体形式，在日后熟练后再过渡到简体形式，这是最为稳妥的方法；否则先掌握简体形式，忽略敬体形式，容易在正式场合或面对长辈、陌生人时出现失礼的情况。事实上，日本人在使用简体进行对话时，也往往以「ね」「よ」结句缓和语气。

2. と〈相互动作的对象〉〈同一动作的参与者〉（→ 条目4）

　　格助词「と」和「に」都可以表示动作的对象，所以表示「話す」「会う」等相互动作的对象时，二者都可以使用。如：
　　（1）図書館で高橋さん｛と／に｝会った。
　　（2）パーティーのことを王さん｛と／に｝話した。
　　但是需要说明，「と」表示的是双方相互的动作，「に」是单方的动作。
　　（3）図書館で偶然高橋さん｛×と／に｝会った。

四、学习手册答案

实力挑战

　　各位同学好！我叫佐藤izumi，来自日本，在北海道大学学习教育学，现在大二。
　　我是第一次来中国，我们去了天安门、长城、天坛、中国历史博物馆，非常感动。中国菜非常好吃，我每天都过得很愉快。请多关照。

自我检测

Ⅰ. 文字、词汇、语法

1. (1) りょこう　　(2) けっこん　　(3) つ　　　　(4) ひら
　　(5) はじ　　　(6) いっしょ　　(7) おもいで　(8) あそび
　　(9) だいがくさい　(10) こうひょう

2. (1) 夢　　(2) 国際　　(3) 出　　(4) 夏休　　(5) 訪問
　　(6) 回　　(7) 集　　　(8) 経験　(9) 景色　　(10) 乗

3. (1) d　(2) d　(3) c　(4) a　(5) d　(6) b　(7) c　(8) a　(9) b　(10) b

4. A. ①きのう　　②あした　　③せんしゅう　④こんしゅう
　　　⑤こんげつ　⑥らいげつ　⑦ことし　　　⑧らいねん

　　B.

会う	会わない	会いました	会いませんでした	会った	会わなかった
開く	開かない	開きました	開きませんでした	開いた	開かなかった
近づく	近づかない	近づきました	近づきませんでした	近づいた	近づかなかった
歩く	歩かない	歩きました	歩きませんでした	歩いた	歩かなかった
泳ぐ	泳がない	泳ぎました	泳ぎませんでした	泳いだ	泳がなかった

(续表)

話す	話さない	話しました	話しませんでした	話した	話さなかった
出す	出さない	出しました	出しませんでした	出した	出さなかった
返す	返さない	返しました	返しませんでした	返した	返さなかった
遊ぶ	遊ばない	遊びました	遊びませんでした	遊んだ	遊ばなかった
始まる	始まらない	始まりました	始まりませんでした	始まった	始まらなかった
乗る	乗らない	乗りました	乗りませんでした	乗った	乗らなかった
登る	登らない	登りました	登りませんでした	登った	登らなかった
戻る	戻らない	戻りました	戻りませんでした	戻った	戻らなかった
足りる	足りない	足りました	足りませんでした	足りた	足りなかった
とる	とらない	とりました	とりませんでした	とった	とらなかった
作る	作らない	作りました	作りませんでした	作った	作らなかった
通じる	通じない	通じました	通じませんでした	通じた	通じなかった

5. (1)a (2)b (3)b (4)c (5)c (6)d (7)c (8)a (9)b (10)d

6. (1)d (2)c (3)a (4)c (5)c／b (6)c (7)b (8)a

7. (1)たいけん (2)りょこうしゃ (3)りょひ (4)じき (5)ちょうき
   (6)ほうにち (7)こうさい (8)じっさい (9)けつろん (10)じつげん

Ⅱ.听力

1. 水曜日—h   金曜日—d   土曜日—f   火曜日—i、k

2. (1)b (2)b (3)c (4)b

3. (1)c (2)c (3)b (4)c

Ⅲ.阅读

1. b

五、学习手册听力录音

实力挑战

一位来中国短期留学的日本学生在参观中国的中学时做了自我介绍，请你来给她做翻译吧。

　　初めまして、佐藤いずみと申します。日本から来ました。今、北海道大学で教育学を勉強しています。大学２年生です。

　　中国は初めてです。天安門、万里の長城、天壇公園、中国歴史博物館に行きました。とても感動しました。中華料理はとてもおいしいです。毎日とても楽しいです。

　　どうぞよろしくお願いします。

自我检测

1. 听录音，仿照例子选择正确答案，填写在表格中。

　例　A：昨日、何をしましたか。
　　　　B：友達と買い物に行きました。
　(1) A：おととい、何をしましたか。
　　　　B：テニスをしました。
　(2) A：明日何をしますか。
　　　　B：映画を見ます。
　(3) A：先週の水曜日、何をしましたか。
　　　　B：図書館で本を読みました。
　(4) A：先週の金曜日、何をしましたか。
　　　　B：インターネットで資料を探しました。
　(5) A：明日、何をしますか。
　　　　B：京華大学へスピーチコンテストを聞きに行きます。

2. 听录音，仿照例子选择正确答案。

　例　質問：これからどうしますか。
　　　　A：今日の交流会に何人来ますか。
　　　　B：8人です。
　　　　A：えっ？果物が足りません。
　　　　B：そうですか。

　　　　A：ええ、リンゴは5つです。

　　　　B：じゃ、買いに行ってきます。

　　　　A：すみません、お願いします。

　　質問：これからどうしますか。

　　　a. リンゴを買いに行きます。

　　　b. リンゴを食べます。

　　　c. リンゴを借ります。

　　　d. 交流会を終わりにします。

(1) 質問：高さんは図書館で何をしますか。

　　　　A：高さん、会議は2時からですよ。

　　　　B：はい。あと30分ですね。

　　　　A：どこかへ行くんですか。

　　　　B：図書館へ本を借りに行きます。すぐ戻ります。

　　質問：高さんは図書館で何をしますか。

　　　a. 会議をします。

　　　b. 本を借ります。

　　　c. 本を返します。

　　　d. 本を買います。

(2) 質問：何か買いましたか。

　　　　A：日曜日、何をしましたか。

　　　　B：友達と買い物に行きました。

　　　　A：何か買いましたか。

　　　　B：何も。買い物のあと、喫茶店でコーヒーを飲みました。

　　質問：何か買いましたか。

　　　a. お茶を買いました。

　　　b. 買いませんでした。

　　　c. 果物を買いました。

　　　d. コーヒーを買いました。

(3) 質問：どれが正しいですか。

　　　　A：孫さんはよくお母さんに電話しますか。

　　　　B：ええ、ときどき。

　　　　A：ときどきですか。

　　　　B：ええ、でもほとんど毎日SNSで連絡します。

第6課　スピーチコンテスト応援

　　　A：すごいですね。
　　質問：どれが正しいですか。
　　　a. 孫さんはよくお母さんに電話をかけます。
　　　b. 孫さんはお母さんに電話をかけません。
　　　c. 孫さんはよくお母さんとSNSで連絡します。
　　　d. 孫さんはほとんどお母さんとSNSで連絡しません。
(4) 質問：どれが正しいですか。
　　　A：陳さんは会議に来ますか。
　　　B：わかりません。さっき陳さんの家に電話しましたが、留守でした。
　　　A：そうですか。
　　質問：どれが正しいですか。
　　　a. 陳さんは家にいます。
　　　b. 陳さんは家にいません。
　　　c. 陳さんは会議室にいます。
　　　d. 陳さんはあまり家にいません。

3. 听录音，从a～c中选择正确的应答。
(1) A：お母さんはお元気ですか。
　　B：a. お帰りなさい。
　　　　b. そうですか。
　　　　c. はい、おかげさまで。
(2) A：もみじはどうでしたか。
　　B：とてもきれいでした。
　　A：a. えらいですね。
　　　　b. もちろんそうですよ。
　　　　c. それはよかったですね。
(3) A：王さんは日本語も英語もとても上手です。
　　B：a. 大丈夫です。
　　　　b. すごいですね。
　　　　c. ひさしぶりです。
(4) A：学会で鈴木先生に会いましたか。
　　B：a. ええ、席が足りませんでした。
　　　　b. ええ、おもしろかったです。

c. ええ、とてもお元気でした。

六、课文翻译

ユニット1 声援演讲比赛

（远藤老师带领学生去东京参加在东西大学举办的日语演讲比赛后，回到学校，遇到了胡主任。）

胡　：远藤老师，您回来了！
远藤：啊，胡老师，我是昨天回来的。我不在的时候，让您费心了。
胡　：不客气。三年级的周同学得了二等奖啊，真不错！
远藤：是啊，第二名。她的演讲非常出色。
胡　：感谢您的指导！您辛苦了！
远藤：哪里哪里，是周同学非常努力。
胡　：今年（参加比赛的）还是16个人吗？
远藤：是。汇集了来自世界各地的优秀学生。
胡　：真是个高水平的演讲比赛啊。
远藤：是的，很多人来听，都坐不下了。
胡　：是吗。您见到交换留学生郑文秀了吗？
远藤：见到了。她很好。
胡　：那太好了。演讲比赛结束后您去什么地方了吗？
远藤：我哪儿都没去，学生们去看红叶了。是郑文秀做向导。
胡　：她真能干啊。对了，您家人都好吧。
远藤：是的，都很好，谢谢！我儿子今年大学二年级，明年秋天到北京或西安的大学来（学习）。
胡　：是交换留学吗？
远藤：是的，来学习中国文学。
胡　：那太好了。

ユニット2 大学文化节

（远藤老师和胡主任接着聊天）

远藤：演讲比赛结束后我去了东西大学的文化节。
胡　：哦，正好是大学举办文化节的时候啊。
远藤：社会学系的学生举办了研究成果发表会。三保同学也发言了。
胡　：三保？

远藤：就是去年的交换留学生，现在社会学系三年级。
胡　：哦，是那个学生啊。他发表的题目是什么？
远藤：《日中大学生信息和通讯使用现状调查》。
胡　：是吗，真不错。
远藤：前些时候三保在咱们学校做的调查问卷。
胡　：是吗。留学生们也搞活动了吗？
远藤：是的。配音大会、卡拉ok大赛什么的。另外各国的留学生还开起了临时餐饮摊档，中国学生的饺子非常受欢迎。
胡　：您也吃了吗？
远藤：当然吃了。留学生的店我全转遍了。中国菜、韩国菜、泰国菜、马来西亚菜、印度菜……，都很好吃。不过吃撑了。（笑）

3 我的留学日记

选自京华大学《日语专业通讯》

郑文秀

　　我是日语专业二年级的学生，现在在东西大学语言信息系做交换留学生。

　　今年3月28日，我登上了飞往日本的班机。傍晚到达了成田机场。这是我第一次来日本。我用日语跟日本人交谈，但他们不太懂，我有些沮丧。从成田机场上了机场大巴，晚上来到了东西大学的国际交流会馆。我心里非常不安。

　　学校是4月份开学的。中国留学生中的学长、日语老师以及同班同学，大家都很热情。我每天都拼命地学日语，还去日本人家里体验生活、参观工厂、乘新干线旅行，此外还访问了当地的中学。学生们很可爱。我参加了国际交流社团，和日本学生进行了很多交流。

　　暑假我没有回国，打了很多工，还和朋友一起登了富士山。我用日语跟日本游客交谈，这回他们听懂了！从山顶眺望美丽的风景将是我一生的回忆。

　　11月3日到5日是大学文化节。各国留学生都摆起了临时餐饮店。我和其他中国留学生一起包了饺子，大受欢迎。

　　大学文化节期间，我去听了日语演讲比赛。见到了阔别已久的我们京华大学的远藤老师。演讲比赛后我和同学们一起去看了红叶。

　　我的梦想是做一名日语教师。这8个月，关于日语和日本人我学到了很多。现在，梦想离现实又接近了一步。

第7課　案　内

一、教学目标

1. 能够用日语为他人做向导、做介绍。
2. 能够用日语邀请或建议朋友做某事。
3. 学会简单介绍中国文化（例如，天安门、故宫等），增强民族文化自信。
4. 能够理解把握人际交往过程中正面评价、感谢等表达的重要作用。

二、语言知识点、学习重点及教学实施建议

ユニット1

1. 语言知识点及学习重点

语言知识点	学习重点
① Vましょう(か)〈建议〉 ② 数量词＋V〈对象的数量〉 ③ N_1に(は)N_2がある/いる〈存在〉 ④ N_2はN_1にある/いる〈所在〉 ⑤ 〜んですか〈要求说明〉 ⑥ Nが見える〈可能〉	(1) 运用「Vましょう(か)」提出建议、邀请等。 (2) 运用存在句式和所在句式「N_1に(は)　N_2がある/いる」「N_2はN_1にある/いる」介绍地点、位置等，为他人做向导。 (3) 运用「〜んですか」要求对方就原因、背景等进行说明。

2. 教学实施建议

(1) 请学生从自己的视角介绍天安门广场及其周边建筑。
(2) 根据所在地区的情况，鼓励学生介绍当地的名胜古迹。

ユニット2

1. 语言知识点及学习重点

语言知识点	学习重点
① Nになる/A₁くなる/A₁ になる〈变化的结果〉 ② でも〈示例〉 ③ Vませんか〈建议〉 ④ ~んです/~んですが〈引入话题〉 ⑤ そこ〈指示〉 ⑥ ~でしょう〈推测〉 ⑦ ~んです/~の(ん)だ/~のである〈说明理由〉 ⑧ までに〈期限〉 ⑨ で〈范围〉 ⑩ Nにする〈选择、决定〉	(1) 运用「Nになる/A₁くなる/A₁ になる」表示事物、状态等变化的结果。 (2) 运用「Vませんか」表示建议，并与第一单元的「Vましょう(か)」做对比。 (3) 运用「~んです/~の(ん)だ/~のである」表示理由的说明，同时该句式也可以作为第1单元中「~んですか」的回答。

2. 教学实施建议

(1) 通过图片、视频以及具体情景设置等方式帮助学生理解语法项目的用法。

(2) 鼓励学生介绍学校周边或者当地的风味餐馆，并邀请朋友一起去。

ユニット3

1. 语言知识点及学习重点

语言知识点	学习重点
① Nである〈判断〉 ② に〈客体的处所〉	(1) 运用「Nである」表示书面语中的肯定判断句。

2. 教学实施建议

鼓励学生了解自己家乡的情况，用日语简单介绍家乡的特色。

三、教学重点

（一）词汇教学重点

1. こちら

「こちら」是「こそあど」系列「こちら、そちら、あちら、どちら」的一员，但是意义和用法要比其他三个词更丰富。主要包括以下几种。

(1) 方位指示，"这边，这里，这儿"（「ここ」的礼貌说法）。

例：こちらは学生食堂です。（这儿是学生食堂。）

（2）人称指示，"我，我这里"。

例：（電話で）はい、**こちら**はサクラ会社です。（您好，这里是樱花公司。）

　　　こちらからまた電話します。（我会再次给您打电话。）

（3）惯用表达。

例：**こちら**こそ、どうもありがとうございました。

　　（彼此彼此，我该谢谢您才是。）

（二）语法教学重点

1. 数量词＋V〈对象的数量〉（→条目2）

关于动作涉及对象的数量的表达方式，初学者容易受汉语影响，产出「1枚の写真を撮ります」「2つのリンゴを食べます」「3杯のワインを飲みます」等句子，可提醒学生注意将数量词放在「を」格名词之后。

数量词放在什么位置，归根结底是数量词语义指向谁的问题。放在名词前面，通常修饰名词；放在名词后动词前，多用于修饰动词。例如：

a. 100ページの小説を読みました。（读了本100页的小说）

b. 小説を100ページ読みました。（读了小说当中的100页）

2. 存在句（→条目3, 4）

表示存在的句式从意义和结构上来讲可以分为两类：一种是表示"某处有某物（人）"，称为"存在句"；另一种是表示"某物（人）在某处"，称作"所在句"。讲授过程中需要强调以下几点：

a. 存在句、所在句意义和结构的区别

b.「ある／いる」的使用区分

c. 所在句中的事物N_2往往用「は」来提示，即采用「N_2はN_1にある／いる」的形式，这是因为在这里N_2作为已知的事物，做了该句的话题，所以用「は」来提示。相比之下，存在句里的N_2往往用「が」来标记，原因在于此处的存在物往往是未知的事物。

3. Nが見える〈可能〉（→条目6）

「見える・聞こえる」这一类表示知觉的动词用法比较特殊，初学者容易与「見る・聞く」弄混，区分的要点在于"语义侧重点的不同""自他动词属性的不

同""表示动作涉及对象的名词其格形式的不同"。可参考教材该条目中「見る」与「見える」的区别进行讲解。

1. なる（→ 条目1）

　　a. 注意引导学生理解「なる」的语义是表示"变化"，可结合以往学过的句式，通过对比加深印象，巩固学过的知识。

　　（1）北京は寒いです。　　　　　（北京很冷。）
　　（2）北京は寒くなりました。　　（北京变冷了。）
　　（3）北京は寒くなります。　　　（北京要变冷。）

　　b.「なる」前可以接名词、Ⅰ类形容词、Ⅱ类形容词，需反复练习各种接续形式。

2. でも〈示例〉（→ 条目2）

　　「でも」与已学过的「は」「も」一样，都是凸显助词。凸显助词的使用，分"替代（が格、を格）"和"添加（が格、を格以外的其它格）"两种，可通过练习指导学生掌握使用规则。

　　凸显助词起到提示名词、添加语义的功能，这与表示格关系的格助词不同。例如：

　　a. とり**が**食べません。
　　b. とり**を**食べません。
　　c. とり**は**食べません。

　　a句中「とり」是「食べる」的主格，表示动作主体，是"鸡不吃（饲料）"的意思；b句中「とり」是「食べる」的宾格，表示动作客体（对象），是"（某人）不吃鸡"的意思；而c句中「とり」与「食べる」的格关系无法确定，替代的有可能是主格，也有可能是宾格。「とり」在句子中做主题，相当于"鸡，不吃"的意思，这一表达是有歧义的。

3. までに〈期限〉（→ 条目8）

　　教材上辨析了「まで」与「までに」的意义用法，讲解时还可结合以下图示引导学生理解二者的区别。

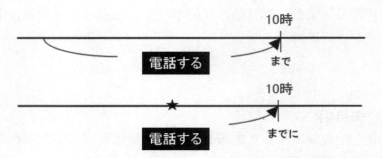

　　「まで」与「までに」后续的动词也有区别。「まで」常常后接表示持续性动作的动词，如「待つ、いる、働く、生きる」；而「までに」常常后接瞬间动作的动词，如「来る、入る、提出する、返す」。

　　a. 田中さんは毎日午後6時（○まで／×までに）働きます。
　　b. 昼から夜（○まで／×までに）彼女を待ちました。
　　c. 会議は6時（×まで／○までに）終わるでしょう。
　　d. 私は30歳（×まで／○までに）結婚します。

4. で〈范围〉（→ 条目9）

　　"范围"和此前学习的"存在处所"不同，学生有时会搞混，可以选取一些例句对比分析。如：

　　a. 富士山は日本でいちばん高い山です。
　　b. 富士山は日本にあります。

1. に〈客体的处所〉（→ 条目2）

　　「に」的这个用法容易和表示动作进行的场所「で」混淆，教学中可以适当对二者的用法进行辨析。例如：

　　a. 王府井で家を買う。（在王府井买房）
　　b. 王府井に家を買う。（房子买在王府井）

a句中"王府井"用「で」标记，表示买房子这个动作行为（例如办理买卖手续）发生在王府井，房产本身不一定坐落于此地，有可能在其他区域；b中用「に」标记，则明确了动作的客体即房屋是位于王府井的。

第7課　案内

四、学习手册答案

实力挑战

こちらはキャンパスマップです。私たちは今、ここにいます。国際交流センターですね。国際交流センターの隣のこの白い建物は留学生食堂です。中華料理だけでなく、簡単な洋食、日本料理、韓国料理もあります。売店や喫茶店もあります。ご利用ください。食堂の向こうのこの高い建物は図書館です。図書館の一階には自習室もあります。自習室にはいろいろな国の雑誌があります。図書館の後の赤い建物は文科楼です。文科系の教室はこの建物の中にあります。みなさんの教室はこの建物の3階です。何か質問がありますか。

自我检测

Ⅰ. 文字、词汇、语法

1. (1) しょうめん　(2) せかい　(3) らく　(4) ひるやす
   (5) くる　(6) と　(7) うみ　(8) ばんぐみ
   (9) ばんりのちょうじょう　(10) くちにあ

2. (1) 案内　(2) 東　(3) 時代　(4) 野菜　(5) 暖
   (6) 肌　(7) 続　(8) 世紀　(9) 人民大会堂　(10) 楽

3. (1) a　(2) a　(3) c　(4) c　(5) b　(6) b　(7) d　(8) c　(9) c

4. (1) 看護師　(2) 楽しく　(3) よく　(4) 多く　(5) にぎやかに
   (6) 分からない　(7) なる　(8) 会議な　(9) 有名な　(10) 撮り

5. (1) a　(2) c　(3) d　(4) b　(5) c　(6) d　(7) b　(8) b
   (9) b　(10) c　(11) c　(12) d　(13) a　(14) c　(15) d

6. (1) a　(2) b　(3) b　(4) d

7. (1) すいめん　(2) がいかん　(3) しゅかん　(4) こうねん　(5) しつない
   (6) ないか　(7) てんこう　(8) せつりつ　(9) もくぞう　(10) しんちゃ
   (11) けんせつ　(12) しんちく　(13) せいさん

Ⅱ.听力

1. (1)× (2)○ (3)○ (4)× (5)○ (6)×

2. (1)4 (2)3 (3)3 (4)B

3. (1)c (2)b (3)b (4)c

Ⅲ.阅读

1. (1)b (2)①○ ②× ③×

五、学习手册听力录音

实力挑战
听录音,这是留学生中心的老师在给刚刚来中国的日本留学生介绍校园,请你翻译成日语。

　　这是校园的地图。我们现在在这里,国际交流中心。国际交流中心旁边这个白色的楼是留学生食堂,不仅有中国菜,还有简单的西餐、日本料理、韩国料理,另外还有小卖部和咖啡厅,请大家使用。食堂对面的这个高楼是图书馆,图书馆一楼有自习室,自习室有各国的杂志。图书馆后面的红楼是文科楼,文科专业的教室都在这个楼里,你们的教室在三层。大家还有什么问题吗?

自我检测

1. 听录音,仿照例子,根据录音内容判断正误。正确的画○,错误的画×。

　　例　ベッドの上にかばんがあります。
　　(1)いすの前に新聞があります。
　　(2)テレビの上に眼鏡があります。
　　(3)ベッドの下にかばんがあります。
　　(4)テレビのうしろに眼鏡があります。
　　(5)箱の中に果物があります。
　　(6)机の上にテレビがあります。

2. 听录音,仿照例子,根据录音内容选择正确答案。

　　例　質問:韓国料理のお店はどこにありますか。
　　　　　A:すみません、この近くに韓国料理のお店がありますか。

B：あります。あそこに白い建物がありますね。
　　　A：はい。
　　　B：あの建物の4階にあります。
　　　A：ありがとうございます。
　　質問：韓国料理のお店はどこにありますか。
(1)質問：2人はいついっしょに食事に行きますか。
　　　A：来週、授業のあとで、いっしょに食事でもしましょうか。
　　　B：いいですね。
　　　A：火曜日か木曜日はどうですか。
　　　B：私は7日から9日まで北京にはいないんですが。
　　　A：じゃ、この日ですね。
　　　B：はい。
　　質問：二人はいついっしょに食事に行きますか。
(2)質問：体育館はどの建物ですか。
　　　A：すみません。体育館はどこにありますか。
　　　B：あそこに図書館がありますね。
　　　A：はい。
　　　B：その右のうしろに見えます。
　　　A：ああ、あの建物ですか。
　　質問：体育館はどの建物ですか。
(3)質問：ネットカフェはどこにありますか。
　　　A：すみません。この近くに、ネットカフェがありますか。
　　　B：ネットカフェですか。
　　　A：はい。
　　　B：えーと、あそこに本屋がありますね。
　　　A：あの、花屋の隣ですね。
　　　B：ええ、本屋の2階がネットカフェです。
　　　A：わかりました。ありがとうございました。
　　質問：ネットカフェはどこにありますか。
(4)質問：どれが正しいですか。
　　　A：10年間で、野菜は安くなりましたね。
　　　B：そうですね。でも、果物は高くなりましたよ。
　　　A：卵は前も今もあまり高くないですね。

B：そうですね。安いですね。
　　質問：どれが正しいですか。

3. 听录音，仿照例子，根据录音内容选择正确答案。
　　例　質問：村井先輩はどうなりましたか。
　　　　　A：今の人、誰ですか。
　　　　　B：3年生の村井先輩ですよ。
　　　　　A：えっ？あの歌の上手な村井先輩ですか。
　　　　　B：そうですよ。
　　　　　A：分かりませんでした。きれいになりましたね。
　　　質問：村井先輩はどうなりましたか。
　　　　　a. 高くなりました。
　　　　　b. やさしくなりました。
　　　　　c. きれいになりました。
　　　　　d. 有名になりました。
(1) 質問：二人はこれからどうしますか。
　　　　　A：鈴木さん！
　　　　　B：あっ、趙さん！久しぶり。元気？
　　　　　A：はい。鈴木さんは？
　　　　　B：僕も。趙さんは大連の大学に行ったのですか。
　　　　　A：ええ。あそこの喫茶店でお茶でも飲みませんか。
　　　　　A：いいですね。行きましょう。
　　　質問：二人はこれからどうしますか。
　　　　　a. 大連に行きます。
　　　　　b. 大学に行きます。
　　　　　c. 喫茶店に行きます。
　　　　　d. 駅に行きます。
(2) 質問：どこで会いますか。
　　　　　A：映画は4時25分からですね。
　　　　　B：ええ。
　　　　　A：4時15分に駅の前で会いましょう。
　　　　　B：でも、駅の前は人が多いでしょう。
　　　　　A：そうですね。じゃ、本屋の前にしましょうか。

　　　　B：ええ、そうしましょう。

　　　質問：どこで会いますか。

　　　　　a.駅の前　　b.本屋の前　　c.映画館の前　　d.映画館の中

(3)質問：どこでご飯を食べますか。

　　　　A：学校に食堂がありますか。

　　　　B：いいえ、ありません。

　　　　A：じゃ、食事はどうするんですか。レストランで食べるんですか。

　　　　B：いいえ、うちに帰って食べます。

　　　質問：どこでご飯を食べますか。

　　　　　a.食堂で食べます。

　　　　　b.うちで食べます。

　　　　　c.レストランで食べます。

　　　　　d.食べません。

(4)質問：何を食べますか。

　　　　A：どれにしますか。ここのラーメン、おいしいですよ。

　　　　B：ラーメンはあまり食べないんです。

　　　　A：そうですか。

　　　　B：昨日はチャーハンを食べたの。今日はサンドイッチにします。

　　　　A：じゃ、僕も同じものにします。

　　　質問：何を食べますか。

　　　　　a.ラーメン　　　　　b.チャーハン
　　　　　c.サンドイッチ　　　d.何も食べません

六、课文翻译

1 北京导游

（高桥美穗的父母来中国旅行，王宇翔为他们做向导）

王　：今天我们去天安门、故宫、景山公园、王府井。

父　：好的，麻烦你了。

王　：哪里，请您多关照！

高桥：爸爸、妈妈，咱们打车去吧。

母　：好，听你的。

（乘出租车来到天安门前）

王　：好，天安门到了。那边有一幅毛主席像。

母　：哇！

王　：天安门的正面是天安门广场。

父　：人民大会堂也在这里吗？

王　：在天安门广场的西侧。

父　：啊，是那个吗？真气派啊！

王　：从天安门城楼上可以看到整个广场，咱们走吧。

父　：那个是故宫吧？

王　：是的，故宫在天安门的北边，故宫再往北是景山公园，一会儿咱们去看看。

父　：从景山公园能看到故宫吗？

王　：是的，能看到。

父　：太好了，待会儿好好看看。

（登上城楼）

王　：咱们现在在北京的中心。

母　：下面游客真多啊。

高桥：妈妈，咱们也是游客啊。（大家都笑了）

王　：好，各位游客，咱们在这里照张相吧。准备好了吗？好，茄——子！

2 正宗中国菜

（小王带大家在市内逛着逛着，想到应该让他们品尝一下正宗的中国菜）

王　：快11点了，咱们去尝尝北京烤鸭吧？

父　：好啊！

王　：这附近有一家有名的烤鸭店，咱们去那里吧。

母　：哇，太好了！一定去。

王　：12点钟人该开始多了，咱们11点半之前到那儿吧。

（四人来到烤鸭店）

高桥：啊，这家店在日本也很有名，电视节目里介绍过。

王　：这边请。（给大家看菜单）点什么菜？

父　：先来只烤鸭，然后……，（指着菜单）这是什么？

王　：那是猪蹄，是美容的。

母 ：那太好了，这个也要。

王 ：喝什么酒？

父 ：要啤酒。

（菜上来以后）

母 ：那就不客气了。

王 ：怎么样，合您的口味吗？

父 ：嗯，很好吃！

（饭后）

母 ：啊，好吃，我吃饱了。

高桥：我裙子都紧了。

父 ：老伴儿你皮肤变漂亮了哟！

（大家都笑了）

3 万里长城（选自旅游指南）

　　万里长城是举世闻名的建筑。1987年被列为世界文化遗产。它东起山海关，西至嘉峪关，全长约8852公里。

　　长城曾经是军事设施。春秋战国时期，有许多小国（诸候国），各国的国王在国境周围筑起了高高的城墙，以防御外敌。

　　公元前221年，秦始皇统一了中国，而后将各国的城墙连接起来。秦朝之后的各朝皇帝也都相继修建了长城。15世纪长城终于成为了今天的样子。

　　众多的中外游客都来到长城，他们在这里欣赏今天雄伟壮丽的景色，并回顾历史。

第8課　学生生活

一、教学目标

1. 能够用日语询问、解释词语或概念。
2. 能够用日语叙述简单的操作方法。
3. 能够用日语汇报自己的近况。
4. 能够勇敢表达内心的疑问、疑惑，能够为别人解答疑惑。
5. 能够保持对新生事物的敏感，主动学习，运用鲜活的日语表述自己所处的时代。

二、语言知识点、学习重点及教学实施建议

ユニット1

1. 语言知识点及学习重点

语言知识点	学习重点
① 动词的第二连用形 ② Vている(1)〈持续动作〉 ③ Vていた〈过去持续动作〉 ④ Vましょう/Vましょうか〈意志、征求同意〉 ⑤ って〈话题〉 ⑥ と〈引用〉 ⑦ 动词的体	(1) 理解动词的体这一概念，并运用「Vている」「Vていた」表达持续的动作。 (2) 运用「Vましょう/Vましょうか」表达自己的意志或征求听话人同意，并体会二者的不同。

2. 教学实施建议

(1) 动词变化是日语学习的重点、难点，要夯实基本功，不投机取巧。

(2) 引导学生分析课文中打电话时在语言上的特点，思考值得借鉴的地方。

ユニット2

1. 语言知识点及学习重点

语言知识点	学习重点
① Vている(2)〈结果状态〉 ② Nがわかる〈理解〉 ③ もうVた〈已完成〉 ④ まだVていない〈未完成〉 ⑤ V₁て、V₂て、V₃〈连续动作〉	(1) 理解动作动词、变化动词的概念，并运用「Vている」表示动作・变化完成后的结果状态。 (2) 运用「もう、まだ」等表示时间的副词表示不同的动作过程。 (3) 运用「V₁て、V₂て、V₃」表示几个连续进行的动作。

2. 教学实施建议

(1) 网络支付是比较新的话题，我们身边不断产生新鲜事物，而教材往往只能呈现最基础的表达，鼓励学生主动学习，积极补充表达新事物的词汇，积极地描述自己的生活、观点。

(2) 本单元课文完整地说明了在线购物的过程，可以鼓励学生不局限于在线支付的话题，根据自己的兴趣练习描述某个app简单的操作方法或某件事的流程。

ユニット3

1. 语言知识点及学习重点

语言知识点	学习重点
① Vている(3)〈习惯、反复动作〉 ② N₁で(は) N₂がある〈事件的存在〉 ③ Vて〈并列〉	(1) 运用「Vている」表示习惯、动作的反复，至此，「Vている」在初级学习阶段的用法全部学习完毕。 (2) 运用「N₁で(は) N₂がある」表示事件的发生、存在，并与表示事物存在的用法「N₁に（は）N₂がある」做对比。

2. 教学实施建议

本单元课文是汇报自己的学习生活，鼓励学生在各学习阶段积极使用新学的语言知识表达自己的生活。即使是同样的内容，能够使用的表达丰富了，可以让学生感受到自己的进步，更加有自信。

三、教学重点

（一）词汇教学重点

帮助学生梳理日语中复数概念的表达方式，并与汉语做比较。例如，汉语中表示

复数概念时，主要区分人、动物和植物、事物两类，前者可以用"～们"表达且没有尊敬与否的严格区分（例如"老师们""学生们""动物们"），而后者则要借助"一些～""这些～"表达（拟人化表达除外，例如"花儿们"）。

（二）语法教学重点

1. 动词第二连用形（→ 条目1）

「Vて」，即动词"て形"的学习至关重要，易出现以下问题：

a. Ⅰ类动词中以「る」为词尾的动词，如「帰る」「鳴る」「怒る」的"て形"易丢掉促音。

b. Ⅱ类动词「見る」「寝る」「着る」以及Ⅲ类动词「来る」等的"て形"易添加促音。

c. 形式相似的动词"て形"易混淆，如「いて、行って、言って」「来て、着て、切って」等。

2. Vている（1）〈持续动作〉（→ 条目2）

本单元表示持续动作的「Vている」和第2单元表示结果状态的「Vている」是教学中的难点。对于第一种用法，由于汉语中有"在……""正在……"等对应的表达方式，学生较容易掌握，而第二种用法由于往往译为"了"，容易误用为「Vた」。

可先通过动作动词与变化动词的区分（参见第9课"语法专栏（2）日语动词的分类"）进行讲解。

V（动作动词）＋ている　→　持续动作

例：（也可用作「Vていた」的练习）

テレビを見る／本を読む／ご飯を食べる／日本語を勉強する／パソコンを使う／メールを書く／音楽を聞く／仕事を手伝う／本を探す／資料を調べる

3. Vましょう／Vましょうか〈意志、征求同意〉（→ 条目4）

a.「Vましょう」一般不对上级或长辈使用。由于课文中出现了以下对话：

鈴木：電話しましょうか。

王　：そうですね。じゃあ、私がしましょう。

学生容易出现以下误用：

(1)先生：じゃ、スピーチ大会、一緒に**頑張りましょう**。

学生：??はい、頑張りましょう／○はい、頑張ります。
　(2)先生：李さん、スピーチ大会に参加しませんか。
　　　李：×はい、そうしましょう。／×はい、参加しましょう。／
　　　　　○はい、参加します。
　b.「Vましょうか」由意志形后加「か」而来，含有说话人决定做某事后向听话人提议的含义，「Vませんか」用于表示邀请，由于是否定疑问句，所以有将选择权交给对方之意，语气更为礼貌。
　(1)お昼はラーメンに**しましょうか**。
　(2)週末、一緒に海に**行きませんか**。
　在既定的、理所当然的或对方没有选择的余地时，一般使用「ましょうか」。
　(3)暑いですね。｛窓を開けましょうか／??窓を開けませんか｝。
　(4)ではそろそろ｛会議を始めましょうか／??始めませんか｝。
　「Vませんか」除了邀请对方一起做某事外，还可以只表示对对方的邀请。
　(5)週末に、一緒にカラオケに**行きませんか**。
　(6)明日、うちへ遊びに｛来ませんか／×来ましょうか｝。

1. Vている（2）〈結果状態〉（→ 📖条目1）
　a. 表示变化结果的状态「Vている」的用法是学生学习的难点。
　V（変化動詞）＋ている→結果状態
　例：
　主体的移動：
　学生（連絡）が来る／日本に戻る／アメリカに行く／飛行機に乗る／人が集まる／学校に着く
　状態的変化：
　かばんにパソコンが入る／世界遺産になる／会議が始まる／荷物が届く／皿が割れる／本が落ちる／ドアが開く／窓が閉まる／絵がかかる／車が止まる／椅子が壊れる
　b.「来る」「行く」「着く」等移动动词的「ている」形式，表示动作主体（人）移动之后，身处到达后的位置、处所。
　c.「知っている」「混んでいる」「持っている」「住んでいる」「勤めている」等一般以「ている」的形式使用，表示状态。（「知っている」的否定形式「知らない」的用法不易掌握，需反复练习。）

d. 表示存在、所有等的动词没有「Vている」的形式。
(1)部屋にパソコンが｛あります／×あっています｝。
(2)その時、王さんは教室に｛いた／×いていた｝。
(3)李さんには妹が｛います／×いています｝。

e. 受母语的影响，往往到中级后仍然有将「ている」误用为「た」的现象。可比较：
(1)あ、電気がついた。（观察到了灯亮的瞬间，即观察到灯从没亮到亮的变化）
(2)あ、電気がついている。（只观察到灯亮着的状态，未观察到变化的过程）

2. もうVた〈已完成〉、まだVていない〈未完成〉（→ 条目3, 4）

a.(1) A：（午後1時ごろに）昼ご飯を食べましたか。
　　　B1：はい、食べました／もう食べました。
　　　B2：いいえ、｛×食べませんでした／まだ食べていません｝。
(2) A：（午後6時ごろに）昼ご飯を食べましたか。
　　　B1：はい、食べました／×もう食べました。
　　　B2：いいえ、｛食べませんでした／＊まだ食べていません｝。（庵等(2001)）

同样的问话，根据发问时间的不同，在做否定性回答时，说法不同。前者「いいえ、まだ食べていません」是指在说话时间（下午1点左右）之前还未完成「食べる」的动作，之后还有可能去完成，如可以说「いいえ、まだ食べていません。これから食べに行きます」。后者「いいえ、食べませんでした」是指在说话时间（下午6点左右）之前的某个时间未做该动作。

(1)中「はい、食べました／もう食べました」的「た」表示的是完成，(2)中「はい、食べました」的「た」表示的是过去。因是初学，可不涉及较难的语法知识，只讲明道理即可。

b. 副词「もう」除了可以接「Vた」外，还可以后接词典形、「Vている」「Vない」以及形容词和名词等。如：
(1)王さんはもう来ているよ。
(2)猫はもう死んでいます。
(3)もう遅いです。
(4)もう大丈夫です。
(5)もう大学生です。
(6)もう時間です。

(7)もう行くよ。

c. 副詞「まだ」除了可以接「Vていない」外，还可以后接词典形、「Vない」「Vている」以及形容词和名词等。如：

(1)お金はまだある。
(2)まだ寝ません。
(3)まだ寝ています。
(4)まだ早い。
(5)まだ小学生です。
(6)まだ会社ですか。
(7)日本語はまだ下手です。

1. Vている(3)〈习惯、反复动作〉（→ 条目1）

与表示习惯、反复动作的「毎日」「毎週」「最近」「よく」「いつも」等时间副词搭配使用。

2. N_1で（は）N_2がある〈事件的存在〉（→ 条目2）

此句式易与「N_1に（は）N_2がある」混淆。可强调「で」用于表示事件存在的处所（动态），「に」用于表示事物存在的处所（静态）。此句式中的N_2虽然是名词，却是表达动作或变化事件（「デキゴト」）的名词，所以格助词「で」的用法与第5课第1单元学习的表处所的用法一致。

3. Vて〈并列〉（→ 条目3）

此处例句中出现了「教える／習う」这一对意义相对的动词，可借此讲解「借りる／貸す」「買う／売る」等，为后面学习授受动词打基础。

也可复习「行く／来る」「出る／入る」「出す／入れる」等移动动词。

四、学习手册答案

自我检测

Ⅰ.文字、词汇、语法

1.(1)ま　　　　　(2)でんわばんごう　(3)しゅみ　　(4)かんが
　(5)ゆうしょく　(6)すえ　　　　　　(7)よしゅう　(8)ほうこく
　(9)おし　　　　(10)じゅうじつ

2. (1)働　　(2)開　　(3)選　　(4)終　　(5)口座
　 (6)習　　(7)暗証番号　(8)計画　(9)頑張　(10)経

3. (1)c　(2)d　(3)d　(4)b　(5)a　(6)d
　 (7)d　(8)c　(9)c　(10)b　(11)c　(12)a

4.

言う	言って	言います	言わない
引く	引いて	引きます	引かない
働く	働いて	働きます	働かない
消す	消して	消します	消さない
待つ	待って	待ちます	待たない
運ぶ	運んで	運びます	運ばない
呼ぶ	呼んで	呼びます	呼ばない
住む	住んで	住みます	住まない
座る	座って	座ります	座らない
助かる	助かって	助かります	助からない
覚える	覚えて	覚えます	覚えない
教える	教えて	教えます	教えない
する	して	します	しない
来る	来（き）て	来（き）ます	来（こ）ない

5. (1)b　(2)b　(3)a　(4)c　(5)a　(6)c　(7)b　(8)b　(9)d　(10)b

6. (1)もしもし、どうですか、ぜひ　(2)少し　　　(3)あれ、そうですね
　 (4)助かりました　　　　　　　(5)わあ　　　(6)すごいですね
　 (7)お願いします　　　　　　　(8)けっこうです

7. コップが割れる　　部屋を掃除する
　 タバコを吸う　　　電気がつく
　 ドアがあく　　　　お金を払う
　 ギターを弾く　　　お湯が沸く

テレビを消す　　　　電話をかける
ボタンを押す　　　　電源を入れる
フォークが落ちる　　授業をサボる
机を並べる　　　　　駅に着く
大きい箱を運ぶ　　　椅子に座る
友達を待つ　　　　　会社に勤める
辞書を引く　　　　　飛行機に乗る

8. (1)考えていません/考えています　(2)勉強していました（勉強しました）
　　(3)考えていません　　　　　　　(4)始まっています
　　(5)お茶を飲んで、話をしました　(6)行っています
　　(7)勉強しています　　　　　　　(8)決まりましたか／決めていません

9. (1)しょくどう　(2)せいちょう　(3)さくぶん　(4)がぞう　　(5)つうやく
　　(6)しんじん　(7)いけん　　(8)しつない　(9)ちょうしょく(10)かくじ

Ⅱ.听力

1. (1) a　(2) a　(3) c　(4) c　(5) d

2. (1) c→ a → b　　(2) f → e → c → a → d → b → g

3.

張さん	例 ①
李さん	④
王さん	②
川口さん	③
山下さん	⑤

Ⅲ.阅读

(1)アルバイトをしています。
(2)大きい／大きな会社です。
(3)新聞をコピーします。
(4)たくさんコピーしました。（一日中コピー（を）しました）

五、学习手册听力录音
实力挑战
4. 私は９月に大学に入って、３か月経ちました。毎日とても充実しています。

　私の大学には、中国各地から学生が来ています。ほとんどの学生が大学の寮に住んでいます。私の寮は４人部屋で、ルームメイトはみんな同じクラスです。私たちはもう友だちになりました。毎日一緒に勉強しています。朝、一緒に教科書の音読をします。授業のあと、日本語の会話の練習をします。そして、一緒に日本のアニメを見ます。日本語はちょっと難しいですが、頑張っています。

　あなたのルームメートも日本語学科の学生ですか。ルームメートと一緒に何をしますか。

自我检测
聴解問題
1. 听录音，仿照例子选择正确答案。

　例　質問：日本語の本はどこにありますか。

　　　　A：図書館に日本語の本がありますか。

　　　　B：いいえ、でも大学の近くの本屋で売っていますよ。

　　　　A：そうですか。

　　　質問：日本語の本はどこにありますか。

　　　　a. 大学　b. 本屋　c. 図書館　d. 大学の近く

(1) 質問：趙さんはこのあと、まず何をしますか。

　　　　A：もしもし、鈴木です。趙さん、今、何をしていますか。

　　　　B：授業の予習をしていますが。

　　　　A：そうですか。実は今、クラスメートとバスケットボールをしているんですが、趙さんも一緒にどうですか。

　　　　B：いいですね。あと10分ぐらいで予習は終わります。

　　　　A：わかりました。じゃ、運動場で待っています。

　　　質問：趙さんはこのあと、まず何をしますか。

　　　　a. 授業の予習をします。

　　　　b. バスケットボールをします。

　　　　c. クラスメートのところへ行きます。

　　　　d. クラスメートに電話をします。

(2) 質問：女の人は山田さんを知っていますか。
　　　男：山田さんを知っていますか。
　　　女：山田さんって、留学生の山田さんですよね。
　　　男：ええ、今度3人で一緒に食事をしませんか。
　　　女：ぜひ。
　　質問：女の人は山田さんを知っていますか。
　　　a. 知っています。
　　　b. 知りません。
　　　c. 初めて聞きました。
　　　d. これから会いに行きます。

(3) 質問：加藤さんは今何をしていますか。
　　　A：加藤さんはもう寮に帰りましたか。
　　　B：まだ帰っていませんよ。今、王先生の研究室へ行っています。10分ぐらいで戻ります。
　　　A：じゃ、ここで待っています。
　　質問：加藤さんは今何をしていますか。
　　　a. 寮に帰っています。
　　　b. 教室で友達を待っています。
　　　c. 王先生の研究室へ行っています。
　　　d. 友だちと話しています。

(4) 質問：どれが正しいですか。
　　　女：あの、図書館はどこですか。
　　　男：案内しましょうか。
　　　女：えっ、でも……。
　　　男：僕も図書館に本を返しに行くんです。
　　　女：そうですか。じゃ、お願いします。
　　質問：どれが正しいですか。
　　　a. 女の人は一人で図書館へ行きます。
　　　b. 男の人は一人で図書館へ行きます。
　　　c. 女の人も男の人も図書館まで行きます。
　　　d. 女の人も男の人も図書館へ行きません。

(5) 質問：どれが正しいですか。
　　　女：楽しいパーティーでしたね。

男：そうですね。家まで車で送りましょうか。

　　　女：ありがとうございます。でも、大丈夫です。タクシーで帰ります。

　　質問：どれが正しいですか。

　　　　a. 女の人も男の人もこれからパーティーに行きます。

　　　　b. 男の人は女の人を家まで送ります。

　　　　c. 女の人は男の人を家まで送ります。

　　　　d. 男の人は女の人を家まで送りません。

2. 听录音，仿照例子给图片排列顺序。

　例　A：今朝、何時に起きましたか。

　　　B：5時です。

　　　A：早いですね。起きてから学校に来るまで何をしていたんですか。

　　　B：朝起きて、まず宿題をして、新聞を読んで、それから朝食を食べて学校に来ました。

(1) A：もしもし。鈴木さん、今何をしていますか。

　　B：あ、李さんですか、宿題をしています。

　　A：あとどのぐらいかかりますか。

　　B：あと10分くらいかな。

　　A：じゃあ、宿題をしてから、カラオケに行きませんか。

　　B：いいですね。でも、その前に食事をしましょう。

　　A：そうですね。

(2) A：昨日は授業のあと何をしましたか。

　　B：家に帰って、夕飯を食べて、テレビを見ました。

　　A：それから？

　　B：宿題をして、友達に電話をしました。1時間半ぐらい話しました。

　　A：よく覚えていますね。

　　B：毎日、寝る前に日記を書いているんです。

3. 听录音，仿照例子完成下表。

　A：今日のパーティーにはいろんな人が来ていますね。

　B：そうですね。

　A：張さんは本当に歌が上手ですね。

　B：ええ、パーティーの時は、いつも歌を歌っていますね。

A：今日は、張さんの彼氏の王さんも来ていますね。
B：え、どの人ですか。
A：張さんのとなりでギターを弾いています。

A：山下さんは来ていますか。
B：窓のところで電話をしていますよ。
A：川口さんはどこにいますか。
B：あそこでジュースを飲んでいます。

A：川口さんと一緒に李さんもいますよ。
B：李さんはケーキを食べていますね。

六、课文翻译

ユニット1 作业

（小王和铃木等人在参加晚会）
王　：高桥怎么还不来呀？
铃木：刚才她还在留学生会馆的自习室做作业来着，给她打个电话吧。
王　：好的，那我来打吧。
　　　（用手机给高桥打电话）
　　　喂，高桥，我是王宇翔。你在哪儿呢？
高桥：对不起，我还在自习室呢。
王　：大家都在等你呢，怎么回事啊？
高桥：对不起！我正在做翻译的作业呢。
王　：做作业呢？
高桥：是的，从早上就一直在查词典。对了，请教一下，"点击"是什么意思。
王　：哦，「クリック」。
高桥：啊，是「クリック」呀。那「ファイル」用汉语怎么说呢？
王　："文件"。
高桥：是"文件"呀，太好了，谢谢。
王　：不谢。高桥，你大概几点能完？
高桥：嗯……，还得30分钟左右吧，抱歉！
王　：好的，我们等你！

2 电子支付

（某天晚饭前，小王和铃木看见高桥拿着手机在做着什么）

王　　：高桥，已经到吃晚饭的时间了，你干什么呢？

高桥：我不会这个手机支付的方法。

铃木：手机上登录银行账号了吗？

高桥：还没有。

（铃木指导高桥在手机上操作）

铃木：先打开电子支付的app，点开"我的"，选择登录银行账号。输入银行卡的信息，然后登录银行账户。

高桥：哇，铃木你太棒了。你懂得真多。（高桥注册账号）登录好了。

铃木：你要买什么啊？

高桥：这本书。

铃木：那，先把这本书放到购物车里，然后点"结算"。

高桥：嗯……加入购物车，点"结算"。

铃木：对，然后在这里输入地址和电话号码。

高桥：好的，输好了。

铃木：然后点击"提交订单"，输入密码。

高桥：好的。啊，可以了。铃木你真是中国网络通啊！太感谢了。

（铃木得意洋洋。王一言不发，显出不太高兴的样子）

3 留学生活汇报

东西大学留学生中心

村井香老师：

　　老师好！

我是中国京华大学的语言留学生高桥美穗。

谢谢您一直以来的照顾。下面向您汇报一下我的留学情况。

我今年8月底来到北京，至今已经3个多月了。每天都过得十分充实。

京华大学有来自中国各地以及世界各国的学生，学生们大部分住在学校的宿舍里。我的宿舍是双人间，室友也是日本的汉语留学生。

中国的大学生学习都很努力。早上7点起床，预习，然后去上课。一般从8点到下午4点40上课，从星期一到星期五。课间，学生们经常坐在校园的长椅上，朗读外语课本。

汉语留学班的课从8点到12点，下午是自习时间。我在日本上大学的时候没怎么

好好学习，总是在打工。现在我拼命地学习。在中国我们每周都有考试，学习很辛苦，但我一定会努力的。

京华大学里有很多学生在学习日语。我结识了很多日语专业友善的同学，我有时教他们日语，并跟他们学汉语。今后我一定和朋友们一起努力。

以后我会继续向您汇报我的生活。

高桥美穗
11月28日

第9課　買い物

一、教学目标

1. 能够用日语购物。
2. 能够阅读简单的日文产品说明书。
3. 能够介绍中国的物产，学会向世界描述中国，让世界了解中国。

二、语言知识点、学习重点及教学实施建议

ユニット1

1. 语言知识点及学习重点

语言知识点	学习重点
① Vたい〈愿望〉 ② が〈顺接〉 ③ Nができる〈能力〉 ④ それに〈并列、累加〉 ⑤ 动词的能动态 ⑥ 形式名词「の」 ⑦ で〈限定(数量、时间)〉 ⑧ N_1（+格助词）のN_2〈动词词组名词化〉 ⑨ Nがほしい〈愿望〉 ⑩ で〈材料〉 ⑪ から〈原材料、成分〉	(1) 运用「Vたい」表示想要做某事，并注意表示客体的格助词的变化。 (2) 学习动词的能动态并运用「Nができる」表示能够做某事，并将两者做对比。 (3) 运用「N_1(+格助词)のN_2」表示动词词组的名词化，注意哪些格助词有这种用法，哪些没有，并理解原因。

2. 教学实施建议

(1) 以中国的特色商品为例，用日语进行购物表达训练。中国和日本都有伴手礼的风俗，可以小组交流各地有特色的伴手礼，并一起查找相关表达方式。

(2) 随着学习的深入，不断出现形容词、动词的活用形，要鼓励学生及时梳理，避免混淆。

ユニット2

1. 语言知识点及学习重点

语言知识点	学习重点
① ～でございます〈判断（礼貌）〉 ② いくら〈疑问（价格）〉 ③ 数量词+も〈主观多量〉 ④ だけ〈限定〉 ⑤ Nしか～ない〈限定〉 ⑥ Vてください〈请求〉 ⑦ Nをください〈索要〉	（1）学会购物时的表达方式。 （2）运用「～でございます」表示礼貌的肯定判断，并与之前学的「～です」「～だ」「～である」做对比。 （3）运用「数量词+も」「だけ」表示对数量的主观评价。 （4）运用「Vてください」「Nをください」表示要求对方做某事、要求对方给予某物。

2. 教学实施建议

(1) 可以让学生利用本单元的内容进行角色扮演，还可以根据自己的兴趣和需要改编会话课文的故事情节。

(2) 引导学生学习用日语线下购物，理解线下购物时与人沟通的重要性。在互联网时代，越来越多的年轻人依赖网上购物，能够顺畅地与他人，尤其是陌生人交流，也是非常重要的生活技能。请学生扮演售货员、顾客，购买某地的土特产，还可以请学生画土特产的图片，让对话更加活泼。

ユニット3

1. 语言知识点及学习重点

语言知识点	学习重点
① Vることができる〈可能〉 ② 动词的第一连用形表示并列 ③ ずつ〈等量〉	（1）运用「Vることができる」表示能够做某事，并与之前学习的动词的可能态做对比。

2. 教学实施建议

鼓励学生阅读电子词典以外的日语产品使用说明书（如化妆品、小电器等），增加日语阅读量。

三、教学重点

（一）词汇教学重点

1. する

动词「する」需要提醒学生重点注意。之前已经学习了他动词用法，与不同的名

词搭配，构成各种意义的动词短语，本课中学习的是「する」直接跟在金额的名词之后，表示价值、价格。有的语法学家将「する」称为"形式动词"，原因也在于此。如：

(1) バスケットボール・サッカー・バレーボールをする(他动词用法)

(2) 宿題・掃除・運動・予習をする(他动词用法)

(3) この電子辞書は20000円もする。(自动词用法)

（二）语音教学重点

1. ～枚

1枚 いちまい②	2枚 にまい①	3枚 さんまい①
4枚 よんまい①	5枚 ごまい⓪	6枚 ろくまい②
7枚 ななまい②／しちまい②	8枚 はちまい②	
9枚 きゅうまい①	10枚 じゅうまい①	
11枚 じゅういちまい④	14枚 じゅうよんまい③	
20枚 にじゅうまい②	21枚 にじゅう・いちまい①-②	
25枚 にじゅう・ごまい①-⓪		

疑問詞：何枚（なんまい）①

2. ～本

1本 いっぽん①	2本 にほん①	3本 さんぼん①
4本 よんほん①	5本 ごほん⓪	6本 ろっぽん①
7本 ななほん②	8本 はっぽん①／はちほん②	
9本 きゅうほん①	10本 じ(ゅ)っぽん①	11本 じゅういっぽん③
14本 じゅうよんほん③	18本 じゅうはっぽん③	20本 にじ(ゅ)っぽん②
21本 にじゅう・いっぽん①-①		
26本 にじゅう・ろっぽん①-①		

疑問詞：何本（なんぼん）①

（三）语法教学重点

1. 情感表达中的人称限制（→ 条目1, 9）

「Vたい」「ほしい」以及第11课要学到的感情、感觉形容词都是日语中一类比较特殊的形容词。这一类词语在非过去的陈述句中，主语仅限于第一人称（第一人称

主语常常省略）。当第二或第三人称做主语时，谓语「Ｖたい」「ほしい」要变为动词「Ｖたがる」或「ほしがる」，或者采用别的形式，比如句末添加「～そうだ、～ようだ、～らしい」等（现阶段尚未学到，可不涉及）。

　　汉语句子中，谓语形式不因人称变化而改变，初学者容易按照汉语的思维，产出「×妹はケーキを食べたい」「×弟は勉強したくない」「×彼は新しいスマホがほしい」等偏误形式，教学过程中需予以纠正。

2. 动词词组名词化（→ 条目8）

　　动词词组名词化相当于把词组中的动词略去，由连体格助词「の」或者复合连体格助词「での、からの、への、との、までの」等形式来表达出动态的语义，这个过程中发生了连用格向连体格的转换。

　　连用格转换为连体格，教材上总结了"替代"和"附加"两种途径，需要特别提醒学生注意没有「にの」的形式。「に」表静态语义（如"存在"）时转换为「での」，表动态语义（如"移动"）时用「への」。教材中给出的是最基本的连用格和连体格之间的转换规则，除此之外，有时也会见到其它转换形式，例如「を→への」：当动词为认知、思维等抽象活动，を格名词为该活动的对象，此时を格转为连体格时，可以转换为の格，也可以转换为への格。如：

　　(1) 日本文化を理解する→　日本文化の理解／日本文化への理解
　　(2) 京劇を研究する　　→　京劇の研究／京劇への研究

　　由于の格的覆盖范围比较广，用「への」可以起到明示宾格、避免歧义的作用。例如「夏目漱石の研究」，有「夏目漱石が研究する」「夏目漱石を研究する」两种解读；而「夏目漱石への研究」则只可能对应「夏目漱石を研究する」，有效避免了歧义。

3. で（→ 条目7, 10）

　　格助词「で」的用法多且复杂，本单元也学习了两种新的用法。目前学习过的「で」的用法总结如下：

意义、功能	出现课、单元	例句
表处所	5-1	教室で勉強する。
表工具、手段	5-1	バスで会社へ行く。
表范围	7-2	クラスで背がいちばん高い。
表限定（数量、时间）	9-1	3日間でできる。
表材料	9-1	木でいすを作る。

除了这些用法之外，本册第11课还将学习表动作主体的数量、范围的用法。

1. 主观量的表达（→ 条目3, 4, 5）

本单元集中出现了一些主观量的表达形式，「も」表示多量，「だけ」「しか～ない」表示少量。之所以说是"主观量"，是因为根据说话人的主观感受不同，有可能采用完全不同的助词来提示。例如以下几种形式陈述的是同一客观事实，但语感色彩各不相同：

　　a.昨日のパーティーには、20人来ました。（客观陈述人数，不带主观色彩）
　　b.昨日のパーティーには、20人も来ました。（主观上觉得人多）
　　c.昨日のパーティーには、20人だけ来ました。（主观上觉得人少）
　　d.昨日のパーティーには、20人しか来ませんでした。（主观上觉得人少，感到遗憾）

2. だけ与しか（→ 条目4, 5）

「だけ」与「しか」都是表限定的凸显助词，二者语义接近，均表示"只有……，仅仅……"，初学者比较容易混淆，教学中可以将二者进行对比辨析。

① 接续不同：「しか」只和动词否定形式共现，「だけ」则肯定、否定均可。
② 语感不同：虽然二者都是表示限定，「だけ」是比较中性的叙述，而「しか～ない」往往含有遗憾、不满等主观心情。试比较：

　　a.子供が１人だけいます。
　　b.子供が１人しかいません。

1. 动词的第一连用形表示并列（→ 条目2）

动词的连用形有两种，第8课第1单元学习的是第二连用形，本课学习的是第一连用形。从形式上看第二连用形是「Vて」的词形，而第一连用形是接「ます」时的词形。

第一连用形主要用于并列或者接续，接续的用法我们此前已经见过，例如第6课中学过的「Vに行く/来る」、第7课学的「Vましょう」等句型中，V采用的都是第一连用形。本课学习的第一连用形用于表示并列或陈述先后顺序。与第二连用形表并列的用法相比，第一连用形书面语色彩较浓，讲授这个条目时，可以提醒学生注意这一点。

四、学习手册答案

实力挑战

母　：すみません、これは納豆菌ですか。
店員：是的，这个可以用来做纳豆。
母　：どのように作りますか。
店員：制作方法在这里。
母　：一袋（ひとつ）でどのぐらい作ることができますか。
店員：一袋是３ｇ，大概可以做1公斤大豆。
母　：納豆は体にいいですね。
店員：是啊，日本人几乎每天都吃纳豆，我就特别喜欢。
母　：ありがとうね。

自我检测

Ⅰ.文字、词汇、语法

1. (1)にんき　　　(2)もじ　　　(3)しゅるい
   (4)きほん　　　(5)くら　　　(6)せつめいしょ
   (7)つめ　　　　(8)かなら　　(9)か
   (10)あらわ

2. (1)遅　(2)栄養　(3)土産　(4)色　(5)間違
   (6)最後　(7)軽　(8)伝統　(9)動　(10)戻

3. (1)a　(2)d　(3)a　(4)c　(5)d　(6)b　(7)c　(8)d　(9)a　(10)d

4.

話す	話したい	話せる	話してください
会う	会いたい	会える	会ってください
行く	行きたい	行ける	行ってください
貸す	貸したい	貸せる	貸してください
立つ	立ちたい	立てる	立ってください
遊ぶ	遊びたい	遊べる	遊んでください
読む	読みたい	読める	読んでください
作る	作りたい	作れる	作ってください
入る	入りたい	入れる	入ってください

（续表）

帰る	帰りたい	帰れる	帰ってください
食べる	食べたい	食べられる	食べてください
来（く）る	来（き）たい	来（こ）られる	来（き）てください
する	したい	できる	してください

5. (1) c (2) b (3) c (4) c (5) a (6) a (7) d (8) b
   (9) b (10) a (11) c (12) b (13) d (14) a (15) c

6. (1) d (2) d (3) d (4) c (5) a (6) c

7. (1) a (2) d (3) c (4) b (5) a (6) d

8. (1) ゆうじょう　(2) かでん　(3) ししょく　(4) しょうぎょう
   (5) ひんしゅ　(6) あんしん　(7) やくひん　(8) かんり
   (9) たいけん　(10) にゅうがく

Ⅱ. 听力

1. (1) d (2) c (3) a (4) d (5) b (6) a

2. (1) 1つ、いいえ、いいえ
   (2) 買い物、いいえ、はい
   (3) ゲーム機、ソフト、青いキー

3. (1) b (2) e (3) a (4) c

Ⅲ. 阅读
省略

五、学习手册听力录音

实力挑战

你陪妈妈在日本的商店买东西。你来做翻译。

母　：你叫服务员过来。你问问他这是纳豆菌吗？

店員：はい、そうです。これで納豆を作ることができます。

母　：怎么做啊？
店員：作り方はこちらです。
母　：你问问他这个一包能做多少？
店員：こちらは一袋3ｇですが、たいだい1キロぐらいの大豆に使います。
母　：纳豆对身体有好处！
店員：そうですね。日本人はほとんど毎日食べています。僕も大好きです。
母　：小伙子谢谢你啊。

自我检测
1. 听录音，仿照例子选择正确答案
　例　質問：男の人はこれから何をしますか。
　　　　男：何か手伝いましょうか。
　　　　女：じゃあ、リンゴを切ってください。
　　　　男：はい。
　　　質問：男の人はこれから何をしますか。
　　　　a. リンゴを切ります。
　　　　b. リンゴを買いに行きます。
　　　　c. リンゴを食べます。
　　　　d. リンゴを洗います。
(1) 質問：男の人は何をしますか。
　　　男：何か食べたいですね。
　　　女：チャーハンでも作りましょうか。
　　　男：いいですね、何か手伝いましょうか。
　　　女：そこに座ってテレビでも見ていてください。
　　　男：そうですか。じゃ、そうします。
　　質問：男の人は何をしますか。
　　　a. チャーハンを作ります。
　　　b. チャーハンを食べます。
　　　c. 座って手伝います。
　　　d. 座ってテレビを見ます。
(2) 質問：北京駅に何時に着きますか。
　　　A：あの、北京駅までどのぐらいで行けるんですか。
　　　B：駅はここから10分しかかかりませんよ。

A：友達が3時の電車で来るんです。

　　　B：いま……2時40分ですね。大丈夫ですよ。

　　質問：北京駅に何時に着きますか。

　　　a. 2時10分　b. 2時40分　c. 2時50分　d. 3時

(3) 質問：どんな自転車がほしいですか。

　　　B：新しい自転車がほしいんですが、どこかいい店知りませんか。

　　　A：どんなのがほしいですか。

　　　B：軽くて、デザインがよくて、値段があまり高くないのがいいです。

　　　A：そうですか。この近くに自転車屋があります。今から行きませんか。

　　質問：どんなのがほしいですか。

　　　a. 軽くて、デザインがよくて、安いのがほしいです。

　　　b. 軽くて、デザインがよくて、低いのがほしいです。

　　　c. 軽くて、デザインがよくて、速いのがほしいです。

　　　d. 軽くて、デザインがよくて、新しいのがほしいです。

(4) 質問：全部でいくらですか。

　　　A：コピーしたいんですが、いくらですか。

　　　B：1枚10円です。

　　　A：この英語の資料3枚と、この中国語の資料1枚を2枚ずつお願いします。

　　質問：全部でいくらですか。

　　　a. 20円　　b. 30円　　c. 40円　　d. 80円

(5) 質問：テストは全部で何科目ありますか。

　　来週テストをします。月曜日から木曜日まで毎日1科目ずつです。
　　テストは8時に始まります。10分前までに教室に入ってください。

　　質問：テストは全部で何科目ありますか。

　　　a. 3科目　　b. 4科目　　c. 5科目　　d. 10科目

(6) 質問：何枚買いましたか。

　　　A：すてきなハンカチですね。

　　　B：こちらはシルクでできています。

　　　A：2枚ください。

　　　B：ありがとうございます。3000円になります。

　　　A：えっ、1枚1500円もするんですか。じゃ、1枚だけください。

　　質問：何枚買いましたか。

　　　a. 1枚　　　b. 2枚　　　c. 3枚　　　d. 買いません

第9課　買い物

2. 听录音，仿照例子选择正确答案。

(1) A：いらっしゃいませ。
　　B：コーヒーをください。
　　A：熱いのと冷たいのがありますが。
　　B：熱いのをください。
　　A：こちらのケーキはいかがですか。
　　B：けっこうです。
　　A：では、300円いただきます。

(2) A：ちょっと休憩してもいいですか。
　　B：疲れたのですか。もう3時間も歩きましたね。
　　A：ええ、ちょっと座りたいです。劉さんは疲れませんか。
　　B：僕は買い物が大好きですから大丈夫です。でも僕も何か飲みたいです。喫茶店でも行きましょうか。
　　A：いいですね。

(3) A：このゲーム機、使いたいんですが。
　　B：じゃ、説明しましょう。まず、ゲーム機とテレビをつないでください。次に、ゲーム機の電源を入れてください。電源はその赤いキーです。
　　A：はい。電源を入れました。
　　B：次に、ゲーム機にゲームのソフトをセットしてください。
　　A：はい。あっ、テレビの画面にゲームのタイトルが出ました。
　　B：青いキーを押すとゲームが始まりますよ。

3. 他们在说什么？仿照例子找出与录音内容有关的图片。

　例　A：これ1本ください。
　　　B：はい、500円になります。

(1) A：その作家、どうでしたか。
　　B：とても面白かったですよ。1日で5冊も読みました。

(2) A：あそこを見てください。
　　B：えっ、何ですか。あっ、たくさんいますね。
　　A：6羽もいますよ。

(3) A：あ、かわいい。
　　B：うちには全部で3匹いるんですよ。

(4) A：もう1杯いかがですか。
　　B：もうけっこうです。

六、课文翻译

ユニット1 在购物中心

（高桥的学姐加藤直子来北京观光，王和高桥陪她去购物）

加藤：王宇翔，请教一下，我想买些礼品，去哪里好呢？

王　：嗯……，去购物中心吧，那里有很多中国的特产。

加藤：是吗，可以用日语购物吗？

王　：有会日语的导购，我也会跟你一起去的。

加藤：不好意思，那就麻烦你了。

（在购物中心）

加藤：我想买件旗袍。

王　：在4层。

高桥：300元左右就能买一件真丝的。

（三人在4楼的女装柜台看旗袍）

导购：欢迎光临！您是想买旗袍吗？您看这件怎么样？

加藤：这件颜色有点暗，稍微素了点。

导购：那这件呢？

加藤：啊，这件真漂亮啊，能试穿一下吗？

导购：可以，这边请。

（穿好旗袍）

加藤：怎么样？

高桥：哇，好漂亮！是吧？王宇翔。

王　：是啊！

加藤：那就要这件了。

高桥：这里还有真丝衬衫和刺绣的手绢。

加藤：太好了，我要买！要5、6块手绢，一两件衬衫。另外，我还想给家人和朋友买些礼物，……。（又转了一圈）

王　：中药怎么样？

加藤：那是什么？

王　：是营养品，由百分之百的天然成分制成的。是用鹿茸呀蛇皮什么的做的。

加藤：算了吧。嗯，还是买中国茶吧。

（来到卖茶叶的柜台）

加藤：我要1斤花茶，1套茶具，然后……，最后再来2瓶黄酒。

高桥：学姐，你拿得了吗？

第9課　買い物

2 在大型电器商店

（高桥美穗的母亲和弟弟受高桥之托，在电器商店购买电子词典）

母　亲：请问哪里卖电子词典？
售货员：在7层。

（二人来到7层）

弟　弟：那里有好几款呢！
母　亲：哦，这个啊。
导　购：欢迎光临！您买电子词典吗？
母　亲：对，哪个好啊？
售货员：这个怎么样？是畅销产品。
母　亲：这个多少钱？
导　购：45,000日元。
母　亲：啊？45,000日元呢？有没有便宜一点儿的？
导　购：那，这个怎么样？13,800日元。
母　亲：这个只有日英、英日和国语辞典吧。
导　购：是的，只有英语和日语。
母　亲：我想买汉语词典。
导　购：汉语的吗，这个怎么样，这个辞典有日、汉、英三国语言。
母　亲：是吗，请让我看一下。
导　购：好的。（递给高桥的母亲）很好用的，这个28,000日元。
母　亲：这个不错哈。
弟　弟：是。
母　亲：那就要这个了。
导　购：好的，谢谢！
弟　弟：请拿两个！
母　亲：什么？
弟　弟：我也想要！

3 电子词典使用说明书

感谢您购买本产品。请务必妥善保存此产品说明书。
基本操作方法
1.将2节5号电池装入产品内，按"电源"键。

2. 选择词典类型。

[日英词典]　　[英日词典]　　[日中词典]　　[中日词典]　　[国语词典]

3. 输入单词。单词可用平假名或罗马字输入。用"输入模式"键可切换平假名和罗马字。

4. 输入后按"检索"键，即出现译词。

5. 按"文字放大"键可放大文字，按"还原"键可将文字恢复至原始大小。

6. 用"↑""↓"键可上下移动画面。

7. 使用完毕请关闭电源。

＊可连续检索若干个单词。

＊输入错误时，可使用"删除"键逐字删除。

第10課　ルールとマナー

一、教学目标

1. 能够用日语讲述和询问各种规则。
2. 能够恰当地表达允许、禁止、要求等。
3. 通过表述学校、社会等有关规则，增强法制观念，提高公民意识。
4. 通过学习中日饮食文化中的不同礼节，培养对不同文化尊重与包容的文化意识。

二、语言知识点、学习重点及教学实施建议

ユニット1

1. 语言知识点及学习重点

语言知识点	学习重点
① Ｖてもいい〈允许〉 ② Ｖてはいけない〈禁止〉 ③ から〈原因、理由〉 ④ Ｖないでください〈否定性请求〉 ⑤ Ｖている／Ｖないとき（に）〈时点〉	(1) 运用「Ｖてもいい」「Ｖてはいけない」「Ｖないでください」讲述和询问各种规则。

2. 教学实施建议

本单元出现了关于允许、禁止的一系列表达，要启发学生注意有些表达（「Ｖてもいい」「Ｖてはいけない」）比较生硬，不适合用于面对面地向对方提出要求。练习时例句、场景的设计也尽量围绕规则和纪律，避免误用。

ユニット2

1. 语言知识点及学习重点

语言知识点	学习重点
① Vなくてもいい〈不必要〉 ② Vる／Vたとき（に）〈时点〉 ③ Vなくては（なければ）いけない／Vなくては（なければ）ならない〈必要；义务〉 ④ Nにする／A_Iくする／A_{II}にする〈使之发生变化〉 ⑤ どうして〈原因（疑问）〉 ⑥ ～でしょう〈确认〉	(1)运用「Vなくてもいい」「Vなくては（なければ）いけない／Vなくては（なければ）ならない」表示"没有必要做某事""必须做某事"这一对相反意义的规则表述，并与第1单元学习的允许、禁止等一并梳理。 (2)运用「Nにする／A_Iくする／A_{II}にする」表示人为使某人、某事物发生变化，与之前学过的「Nにする／A_Iくする／A_{II}になる」进行对比。 (3)运用「どうして」表示疑问，询问原因、理由，注意答句多用之前学过的「～のです」。

2. 教学实施建议

本单元对话中出现了对恋爱问题不同的价值观，可以就这个话题展开讨论，明确表达自己的观点，同时尊重对方观点，理解价值观的多样性。

ユニット3

1. 语言知识点及学习重点

语言知识点	学习重点
① Nについて／Nについての〈相关〉 ② ～と言う〈直接引语〉 ③ に〈状态〉 ④ ～からだ〈原因、理由〉 ⑤ は〈部分否定〉	(1)运用「～と言う」表示直接引语，并注意梳理格助词「と」的多种意义和用法。 (2)运用「～からだ」表示疑问因果关系的倒装句。

2. 教学实施建议

以本单元的话题为出发点，鼓励学生从自己感兴趣的角度对中日文化、东西方文化进行对比。注意培养学生多元文化意识，克服思维定势和固定思维，以理解、包容的心态，尊重文化差异、坚定文化自信。

三、教学重点

（一）词汇教学重点：

书面语体包括日记、书信、通知、产品说明、媒体报道等，文章通常用简体。需要注意的是，书信虽然是书面语体，因为有明确的阅读对象，需要使用敬体。本册已经出现过日记、书信、通知等若干书面语体的文章，本课第3单元是一篇说明文，同样是用书面语体，全文使用简体。除了引导学生注意文体的特点外，还可以引导学生观察书面语体中的用词，例如书面语体中多用汉字词，让学生找出这些汉字词，并与相近意义的和语词进行比较，初步理解汉字词与和语词的不同。例如第3单元课文的题目中的「比較」与「比べる」。

之所以书面语体多使用汉语词，原因如下：

(1)汉语词在最初多为宫廷文书等场合使用，语体上较和语词更为严肃。试比较（部分单词未学）：

買う—購入する　着く—到着する　集まる—集合する

(2)汉语词具有视觉上的优越性，能够让人"一目了然"。试比较：

ここに車を止めないでください—駐車禁止

(3)汉语词可以节约报纸版面空间。试比较：

北京オリンピック大会—北京五輪

(4)相较于相近意义的和语词，汉语词的意义通常更为单一。试比较：

欲しいものを買う（○）—欲しいものを購入する（○）（购买想要的物品）

恨みを買う（○）（遭人嫉恨）—恨みを購入する（×）

喧嘩を買う（○）（接受挑衅）—喧嘩を購入する（×）

（二）语法教学重点

1. Vてもいい〈允许〉（→条目1）

a.「Vてもいいです」表示许可（注意不对上级及长辈使用），「Vてもいいですか」表示向对方请求许可。学生练习时，注意不能机械地以「A：ちょっと見てもいいですか。B：×はい、見てもいいです／×いいえ、見てはいけません」进行练习。

「Vてもいいですか」表示的请求、许可，大致可分为规则、规定方面的许可和对个人行为的许可，注意不同场合的回答方式不同。

(1) A：先生、鉛筆で書いてもいいですか。
　　B：はい、いいですよ／はい、鉛筆で書いてもいいです。
　　　　いいえ、鉛筆で書いてはいけません／いいえ、鉛筆で書かないでください。ボールペンを使ってください。
(2) A：王さん、その本、借りてもいいですか。
　　B：ええ、どうぞ／ええ、いいですよ／×ええ、借りてもいいです。
　　　　すみません、ちょっと／×すみません、借りてはいけません。

b. 向上级征求许可时，用「Vてもいいでしょうか」或「Vてもよろしいですか」显得更加委婉客气。
(1) レポートは来週出してもいいでしょうか。
(2) 今ちょっとお邪魔してもよろしいですか。

c. 除「Vて」外，形容词和名词也可以后接「てもいい」，表达让步的含义。具体形式为：

Ⅰ类形容词：　A_Ⅰくてもいい

Ⅱ类形容词：　A_Ⅱでもいい

名词：Nでもいい

(1) 給料は安くてもいいです。
(2) 明日でもいいですよ。
(3) 答えは簡単でもいい。

2. Vてはいけない〈禁止〉（→ 📖 条目2）

该句式可以表示规则、纪律等方面的禁止，如课文中的「私たちの寮は、男性は入ってはいけないんです」，也可以表示对听话人行为的禁止，如「今度遅れてはいけませんよ」，此时语气较为严厉，一般用于上对下的关系。

表示禁止意义的类似的句式还有「Vてはだめです」，是对听话人行为的禁止，多用于口语。
(1) この部屋に入ってはだめです。
(2) まだ学生だから、お酒を飲んではだめです。

3. から〈原因、理由〉（→ 📖 条目3）

a. 接续助词「から」连接的两个分句，使用敬体还是简体容易造成混乱，需注意。

　(1) 敬体＋から、＋敬体　→　ルールですから、しかたがありませんよ。

(2)简体+から、+简体 → ルールだから、しかたがないよ。
(3)简体+から、+敬体 → ルールだから、しかたがありませんよ。
(4)×敬体+から、+简体 → ×ルールですから、しかたがないよ。
b.后句为问句时，需要用「んですか」或「のか」。
(1)風邪を引いたから、学校を｛休んだんですか／×休みましたか｝。

4. Vている／Vないとき（に）〈时点〉（→ 条目5）
　　a.第4课第2单元学习过「Nのとき」的用法，此处的「Vている／Vないとき（に）」表示的是某一动作或状态持续时，发生的事件。表达状态持续的时间点或时间段，还有"形容词+とき（に）"或"名词+だった／ではない+とき（に）"等用法，可补充。
　　(1)忙しいときに、お邪魔してすみません。
　　(2)暇なときに、見に行きたいです。
　　(3)家族が病気だったとき、いろいろと大変でした。
　　(4)授業時間じゃないときに先生の研究室に行く。
　　b.「とき」表示某一时间段内持续的状态或反复发生的事件，「ときに」表示在某一时间点上发生的一次性事件。
　　(1)母がいないとき、自分で料理を作る。（反复发生）
　　(2)人がいないときにも、捨ててはいけません。（一次性发生）

ユニット2

1. Vなくてもいい〈不必要〉（→ 条目1）
　　a.「Vなくてもいい」是「Vてもいい」的否定形式，可理解为否定性许可，表示"不必、不需要"的意思。可作为问句「Vなければならないか」的答句使用。
　　(1)今日は学校に行かなくてもいいです。
　　(2)A：名前を書かなければなりませんか。
　　　　B：いいえ、書かなくてもいいです。
　　b.「なくてもいい」也可以前接形容词或名词。
　　(1) 夢や目標は大きくなくてもいい。
　　(2) 歌はそんなに上手でなくてもいい。
　　(3) 返事は今日でなくてもいいよ。

2. Vる／Vたとき（に）〈时点〉（→📖条目2）

学习该句式时，主句和从句动作的先后关系较难掌握，需仔细讲解。此外，主句句末使用的非过去时或过去时显示的是与发话时间的先后关系，从句中修饰「とき」的「Vる」「Vた」与此无关。下图（1）和（2）中，主句为非过去时，意为动作未发生，叙述的是将来的打算或计划；（3）和（4）中，主句为过去时，意为动作已发生，叙述的是过去的事情。

V₁る＋とき（に）＋V₂　→　V₂在前，V₁在后
V₁た＋とき（に）＋V₂　→　V₁在前，V₂在后

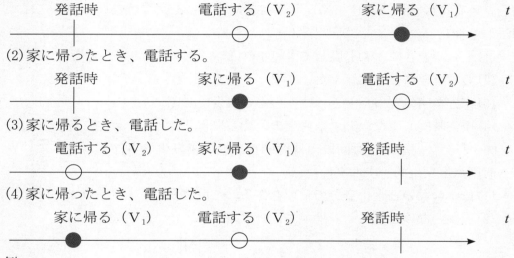

例：
(1) 家を出るとき、「行ってきます」と言います。
(2) 家に帰ったとき、「ただいま」と言います。
(3) 家に帰るとき、スーパーでパンを買った。
(4) 部屋を出るとき、電気を消した。
(5) 出かけるとき、マスクをする。
(6) ニュースを調べるとき、スマホを使う。
(7) 風邪を引いたとき、学校を休んだ。
(8) 結果が分かったとき、がっかりした。
(9) 疲れたとき、甘いものを食べる。
(10) 困ったとき、先輩に相談する。

第10課　ルールとマナー

3. V なくては（なければ）いけない／V なくては（なければ）ならない〈必要；义务〉（→ 📖 条目3）

　　a. 这两个句式发音较难，需通过反复领读加强记忆。

　　b. 二者都表示必要性或义务性，可用于自身，也可用于对方。前者（尤其「V なくてはいけない」）一般用在口语中，偏重表达说话人个人的想法，后者（尤其「V なければならない」）则偏生硬和正式，偏重表达一般性的常识、规则、道理等。

　　(1) 明日テストがあるから、今晩復習しなくてはいけません。

　　(2) 学生：先生、今答えなければなりませんか。

　　　　先生：はい、今答えなければなりません。

　　　　　　　いいえ、今答えなくてもいいです。

　　c. 除动词外，形容词和名词也可以接「なくては（なければ）いけない／なくては（なければ）ならない」。

　　(1) 大人は強くなければならない。

　　(2) 授業は楽しくなくてはいけない。

　　(3) 図書室は静かでなければなりません。

　　(4) 申請者は大学生でなければなりません。

　　(5) なぜ会長は男性でなくてはならないのか。

4. 副词「もう」

　　会話文：音をもう少し大きくしてもいいですか。

　　此处的副词「もう」表示在现有的事物或状态上添加同类事物的含义，与第8课第2单元学习的「もう夕食の時間が始まっていますよ」「もう登録しましたか」的用法不同。

　　(1) もう一つ、どうですか。

　　(2) ビールをもう一杯ください。

　　(3) あの映画をもう一度見たい。

　　本课第1单元出现的「もう、李さん、違います！」中的「もう」是表达说话人强烈感情的用法，类似感叹词。

ユニット3

1. 〜と言う〈直接引语〉（→ 📖 条目2）

　　该句式在教材中只涉及了直接引语，可补充间接引语的用法，即将他人的话转述给第三方。需要强调的是，间接引语中，「と言う」前的引用内容要使用简体。

（「と言った」「と言っている」「と言っていた」的区分将在第二册讲解）

　　(1)王さんはすぐ｛来る／×来ます｝と言った。

　　(2)王さんは｛行かない／×行きません｝と言った。

　　(3)高橋さんは発音が｛難しい／×難しいだ｝と言った。

　　(4)高橋さんは猫が｛好きだ／×好きです｝と言った。

　　(5)王さんはパーティーは｛金曜日だ／×金曜日です｝と言った。

2.～からだ〈原因、理由〉（→ 📖条目4）

　　该句式用于为前面叙述的结果说明原因，尤其在回答「どうして～のか」问句时，以及在「～のは～からだ」句式中常用。

　　(1)昨日学校を休みました。風邪を引いたからです。

　　(2)成績が悪かったのは、あまり勉強しなかったからです。

　　(3)A：どうして日本語の勉強を始めたんですか。

　　　　B：日本のアニメが好きだからです。

四、学习手册答案

实力挑战

　　人与人的交流是从寒暄开始，以寒暄结束。寒暄是交流的基础，非常重要。首先我们寒暄时一定要热情，要大声、微笑。无论什么时候、无论在哪里都要和人打招呼，另外，不要等别人，要自己主动打招呼。这些都是寒暄的重点。用热情的寒暄开始新的一天吧。

自我检测

Ⅰ.文字、词汇、语法

1.(1)しごと　(2)そうだん　(3)かぜ　(4)たが　(5)しゅっせき
　(6)くすり　(7)は　(8)しゅうかん　(9)つづ　(10)やくそく

2.(1)靴　(2)箸　(3)捨　(4)違　(5)縦
　(6)乾杯　(7)別　(8)届　(9)残　(10)大切

3.(1)c　(2)b　(3)b　(4)c　(5)a
　(6)c　(7)b　(8)d　(9)a　(10)b

4. (1)を (2)には (3)は (4)を (5)と (6)に
   (7)を (8)に／× (9)を (10)でも (11)に

5. (1)c (2)b (3)b (4)d (5)b
   (6)d (7)b (8)c (9)d (10)c

6. (1)b (2)a (3)c (4)d (5)d
   (6)c／d (7)a (8)a (9)b (10)c

7. (1)b (2)b (3)a (4)b

8. おと　　ひと　　となり　　き　　あ
   おん　　じん　　りん　　　ぶん　かい
   つか　　か　　　く　　　　み　　はな
   し　　　しょ　　らい　　　けん　わ

Ⅱ．听力

1. (1)b (2)c (3)a (4)b

2. a.× b.○ c.○ d.× e.○ f.×

3. (1)d (2)b (3)c

Ⅲ．阅读
省略

五、学习手册听力录音

实力挑战
听录音，将录音内容翻译成汉语。
　人とのコミュニケーションはあいさつから始まり、あいさつで終わります。あいさつはコミュニケーションの基本で、とても大事です。まずあいさつは明るくしましょう。
　大きな声と笑顔で。それからいつどこで誰に会っても、あいさつしましょう。そして、相手のあいさつを待つのではなく、自分から進んであいさつします。これは

あいさつのポイントです。今日も明るいあいさつで元気に一日を始めてください。

自我检测
1. 听录音，仿照例子选择正确答案。
(1) 質問：どんな時、サークルに行かなくてもいいですか。
　　A：あっ、こんにちは。おひさしぶりです。
　　B：すみません、最近、宿題がたくさんあって。
　　A：勉強が忙しい時はサークルに参加しなくてもいいですよ。時間がある時に来てください。
　　B：ありがとうございます。では、失礼します。
　　質問：どんな時、サークルに行かなくてもいいですか。
　　　a. 時間がある時　　b. 勉強が忙しい時
　　　c. 行きたくない時　　d. 宿題がない時
(2) 質問：新しいかばんを買いますか。
　　A：このかばん、ステキですね。
　　B：もう3年ぐらい使いました。このかばんが好きなんです。
　　A：そうなんですか。
　　B：でも、もう汚いから、そろそろ新しいのを買わなくちゃ。
　　質問：新しいかばんを買いますか。
　　　a. 好きなのがないから、買いません。
　　　b. まだ使いたいから、買いません。
　　　c. このかばんは汚いから、新しいのを買います。
　　　d. このかばんが好きですから、新しいのは買いません。
(3) 質問：李さんは何で帰りますか。
　　A：今日はお酒をたくさん飲みましたね。そろそろ帰りましょうか。
　　B：李さん、それ、車のキーですか。お酒を飲んだ時に車を運転してはいけませんよ。タクシーで帰りましょう。
　　A：わかっていますよ。車の中にかばんがあるんです。
　　B：そうですか。すみません。
　　質問：李さんは何で帰りますか。
　　　a. タクシーで帰ります。
　　　b. 自分の車で帰ります。

c. 友だちの車で帰ります。
　　　d. 帰りません。
(4) 質問：どんな時に電話をしなければいけませんか。
　　A：どうして昨日来なかったんですか。
　　B：すみません。頭が痛くて、起きられなかったんです。
　　A：それじゃあ、仕方ないですね。でもアルバイトを休む時は電話ぐらいしてくださいよ。
　　B：わかりました。すみません。
　　質問：どんな時に電話をしなければいけませんか。
　　　a. 頭が痛い時　　　b. アルバイトを休む時
　　　c. 起きられない時　　d. 仕方がない時

2. 听录音，在考试中可以使用的东西下画○，不可以使用的画×。

これから試験について説明します。
試験は8時からです。7時半から教室に入ることができます。遅れないでください。
試験の時、辞書を見てもいいです。でも、教科書は見ないでください。
答えは黒いボールペンで書いてください。鉛筆を使ってはいけません。
また、試験中、携帯電話の電源は切ってください。
時間を見る時は時計を使ってください。
もちろん、カンニングをしてはいけません。
試験について何か質問はありますか。

3. 听录音，仿照例子选择正确答案。

　例　A：授業に遅れないでください。
　　　B：すみません。これから気をつけます。
(1) A：りっぱな絵ですね。すみません、写真を撮ってもいいですか。
　　B（係員）：申し訳ありませんが、ここでは写真を撮らないでください。
(2) A：そこの芝生で、バドミントンをしましょうか。
　　B：芝生に入ってはいけませんよ。ここでしましょう。
(3) A：静かにしてください。たくさんの人が寝ていますから。
　　B：すみません。

六、课文翻译

1 宿舍管理条例（1）

（高桥、渡边和小赵正在校园里聊天。小李和小王在一旁听着）

高桥：赵媛媛，我收到了从日本寄来的电影DVD，咱们一起看吧。

赵　：啊，我可以去吗？

渡边：来吧！

李　：我们也一起去行吗？

高桥：啊，这个嘛……

渡边：我们宿舍男士不能进。

李　：是吗，我还真不知道。太遗憾了！是吧王宇翔？

王　：嗯。

高桥：对不起！

王　：没关系，这是规定没办法，请别往心里去！

李　：我们宿舍女士可以进。你们那儿还有其他规定吗？

高桥：不少呢。比如不能在房间里贴海报，不能自己做饭，不能大声唱歌……

王　：我们宿舍也有规定，不能喝酒，不能打麻将。

李　：还有不能往窗户外扔垃圾……

高桥：李东，这还用说吗！

李　：对啊！有人在楼下走的时候，不能往窗户外扔垃圾。

赵　：哎呀！李东，不是！没有人的时候也不能扔呀！

李　：知道，知道。

2 宿舍管理条例(2)

（三人来到高桥宿舍的门口）

高桥：这就是我们的房间，请进！

赵　：打搅了！（正要脱鞋）

渡边：啊，赵媛媛，不用脱鞋。

赵　：在日本进屋的时候不是得脱鞋吗？

高桥：是的，不过我们房间不需要，就穿着鞋进来吧。

赵　：好吧，打扰了。

（三人开始看DVD）

赵　：可以把声音调大一点吗？

高桥：好的，调吧！

（三人正在看DVD）

高桥：这个女的不应该同时跟两个人谈恋爱。

赵　：是啊，应该选择其中一个人啊！

渡边：为什么？可以先不定下来啊！

高桥、赵：（大声道）啊？！

隔壁的学生：对不起，你们太吵了……

高桥：啊，对不起！我们小声点。

（高桥回到房间里）

赵　：对不起！太吵了吧？啊，都10点半了！我该回去了。

渡边：再待一会儿吧。

赵　：谢谢。我们宿舍必须得在11点之前回去，11点以后就进不去了。

高桥：是吗，那你下次再来。外边黑，小心啊！

赵　：今天太谢谢了！下次再来的时候让我接着看啊。好，晚安！

高桥、渡边：晚安！

3 用餐礼仪中日对比

中国人和日本人同为亚洲人，互为友邻。但文化和习惯有所不同。在此我们就用餐礼仪和习惯进行一下比较。

用餐的时候，在日本大家一起说「いただきます」，然后才一起开始用餐，用餐结束时说「ごちそうさまでした」。但在中国这两种说法都没有。

用餐时中国和日本都使用筷子，而且在这两个国家都不能把筷子插在饭上，这一礼节是相同的。但在摆放筷子时，中国是将30厘米左右较长的筷子竖着放，而日本是将20厘米左右较短的筷子横着放。

吃面时，在中国不能发出声音，而在日本则可以，因为这一声音有"好吃"的意思。另外，在中国说"干杯"的时候必须把酒全部喝完，因为这正是"干杯"这个词的意思。在日本则不用全部喝完，因为在日本"干杯"就是"大家一起喝酒"的意思。

受到款待时，在中国要剩一些饭菜，因为那表示"已经吃饱了"，而在日本却表示"菜不好吃""不喜欢这个菜"。

总之，中国和日本的用餐礼仪和习惯上存在着各种各样的差异，因此在用餐时应互相体谅。

第11課　京劇と歌舞伎

一、教学目标

1. 能够用日语打电话交谈。
2. 能够用日语谈论爱好。
3. 能够用日语谈论理想。
4. 通过相互交流自己的爱好、理想，增进相互之间的了解，相互促进。

二、语言知识点、学习重点及教学实施建议

ユニット1

1. 语言知识点及学习重点

语言知识点	学习重点
① 动词的连体形〈连体修饰语〉 ② 感情、感觉形容词 ③ 〜というN〈命名〉 ④ で〈动作主体的数量、范围〉	(1)理解动词的连体形这一概念，并运用动词的连体形对名词起修饰限定的作用。 (2)运用「〜というN」表示对事物的命名、说明、解释。 (3)梳理格助词「で」的意义和用法。

2. 教学实施建议

　　本单元会话中有典型的邀请的例子，可以引导学生注意其特点（说明事由→邀请），可以小组交流是否有其他更好的邀请的表达方式。

ユニット2

1. 语言知识点及学习重点

语言知识点	学习重点
① N_1はN_2より〜〈比较〉 ② に〈状态、性质的对象〉 ③ N_1（周期）にN_2（数量）〈频率〉 ④ N_1だけで（じゃ）なくN_2も〈范围〉 ⑤ （N_1の中で）N_2がいちばん〜〈比较〉	(1)运用本单元中的各种比较句式描述自己的爱好、理想等。

（续表）

语言知识点	学习重点
⑥ N_1でもN_2でも（いい）〈许可〉 ⑦ N_1とN_2と（では）どちら（のほう）が～〈选择〉 ⑧ （N_1もN_2も）どちらも（同じぐらい）～〈相同〉 ⑨ N_2よりN_1のほうが～〈比较〉 ⑩ なかなかV（能动态）ない〈可能性的否定〉 ⑪ の〈连体修饰语从句中的主语〉	

2. 教学实施建议

开展学生之间的相互交流，谈论各自的理想，促进相互了解。

■ ユニット3

1. 语言知识点及学习重点

语言知识点	学习重点
① Nとともに〈类同〉 ② 形容词的第一、第二连用形用于句子中顿 ③ ～こと〈名词化〉 ④ に〈原因、诱因〉 ⑤ それで〈因果关系〉 ⑥ Vていて〈中顿〉	(1)运用形容词的第一、第二连用形描述事物。

2. 教学实施建议

(1)鼓励学生比较京剧与歌舞伎的异同，加深对中国文化及日本文化的理解。

(2)鼓励学生查找关于中国传统文化和日本传统文化的文章，全班共享。

三、教学重点

（一）词汇教学重点

本课的词汇学习环节，可以重点引导学生理解日语中一些词的语法化问题。例如名词「こと」作为形式名词可以将动词小句、形容词小句名词化，动词「言う」可以出现在「～というN」句式里表示命名、说明、解释等。这样的词今后还会陆续出现，可以提醒学生注意收集整理。如：

(1)わたしの夢はお医者さんになる**こと**です。

(2)パンダ**という**動物はとてもかわいいです。

（二）语音教学重点

1. ～か月

1か月	いっかげつ③	2か月	にかげつ③
3か月	さんかげつ③	4か月	よんかげつ③
5か月	ごかげつ③	6か月	ろっかげつ③
7か月	ななかげつ／しちかげつ③	8か月	はっかげつ／はちかげつ③
9か月	きゅうかげつ③	10か月	じ（ゅ）っかげつ③
11か月	じゅういっかげつ③	12か月	じゅうにかげつ③

疑问词：何か月　なんかげつ③

2. ～回

1回	いっかい③	2回	にかい②
3回	さんかい③	4回	よんかい①／よんかい③
5回	ごかい②	6回	ろっかい③
7回	ななかい②	8回	はちかい③／はっかい③
9回	きゅうかい①	10回	じ（ゅ）っかい③
11回	じゅういっかい③／じゅういっかい⑤	13回	じゅうさんかい⑤
16回	じゅうろっかい⑤	20回	にじ（ゅ）っかい②
24回	にじゅう・よんかい①-①／にじゅう・よんかい①-③		

疑问词：何回　なんかい①

（三）语法教学重点

1. 动词的连体形（→ 📖 条目1）

　　动词具有两个连用形（第一连用形、第二连用形），与此相比，动词连体形的形式很多，可以接名词的词形都可以称为连体形。动词的各种简体形式，除了句末表意志的形式之外，大多可做连体形，包括各种不同的时体形式及否定形。

　　动词做连体修饰的两个要点是：①需要是简体形式，敬体形式一般不做连体修饰；②连体修饰语从句中的主语「は」要替换为「が」或者「の」（参见教材第2单元的解说）。

2. 感情、感觉形容词（→ 条目2）

日语形容词从语义的角度可以分为两类，一类是属性形容词，一类是感情、感觉形容词。教授感情、感觉形容词时，注意强调两点：①主语有人称限制；②感情、感觉形容词语义上往往关联、支配两个名词，一个是表示主体的名词，另一个是表示对象或诱因的名词，通常用「が」标记。

(1) （私は）頭が痛い。

(2) （私は）新しいスマホがほしい。

3. というN〈命名〉（→ 条目3）

「というN」用于说明事物N。当说话者认为听话者对该事物不熟悉，或者此前的对话中没有出现过该事物，为了避免唐突，使用「という」进行铺垫说明。如果是耳熟能详的、听话人已有充分的背景知识的话，一般不需要用「という」来限定。例如：

(1)—ゴールデンウィークに、何をしましたか？
　—?富士山という山を登りました。
　—富士山を登りました。

(2)—ゴールデンウィークに、何をしましたか？
　—月山という山を登りました。

1. 表示比较的句式（→ 条目1, 5, 7, 8, 9）

本单元集中出现了与"比较"义相关的表达，其中，条目1「N₁はN₂より～」是最基本的句式，「N₂よりN₁のほうが～」是其衍生形式，条目5,7,8则实现了更多的表达功能。这一系列句型基本都有固定格式，教学过程中可以首先引导学生理解助词、疑问词的语法意义，在此基础上通过充分的练习，强化学习效果。

2. なかなかV（可能态）ない〈可能性的否定〉（→ 条目10）

「なかなか」是副词，有两种用法：

① 程度副词：表示达到了一定的程度，基本令人满意。例如：

a. この料理は**なかなか**おいしいです。

b. 王さんは**なかなか**頭がいいですね。

② 陈述副词：和动词的否定形式搭配使用，表示难以达成某种行为、状态。这种用法多见于表达可能、实现意义的动词，最典型的是动词的能动态。

a. たばこは**なかなか**やめられません。

b. 何度も練習しているんですが、**なかなか**覚えられません。

c. 午後コーヒーを3杯も飲みました。**なかなか**寝られません。

除了动词的能动态之外，有些动词本身包含"结果、实现"的意义，也可以和「なかなか」呼应使用。例如：

d. **なかなか**バスが来ません。

e. 日本語はもう2年間勉強していますが、**なかなか**上手になりません。

只表示动作、不涉及结果义的动词，一般不能说「なかなかVない」，如「×なかなか書きません／食べません／寝ません」都是不成立的。现阶段教学中不妨先强调正确的用法，让学生记住可能态这种典型的用法，随着今后学习的深入，再拓展到形式上没有标记的结果义动词。

3

1. 形容词的第一、第二连用形用于句子中顿（→ 条目2）

连用形是形容词的一个主要词形，第一连用形用于接续或修饰动词，第二连用性通常只用于接续，表示中顿、原因等。

初级学习阶段，学生容易混淆、搞错形容词、动词的各种形态变化，可通过练习加强巩固。

2. ～こと〈名词化〉（→ 条目3）

本课学习的「こと」的用法是形式名词，用于将一个连体修饰语从句变成名词性成分，该名词性成分可以像名词一样入句做句子成分，行使多种句法功能。

第9课学习过形式名词「の」，「の」与「こと」都有名词化的功能，二者区别在于：「こと」往往用于描写较抽象的、间接的体验；「の」多用于描写具体的、直接的体验。例如：

a. 在「～は～です／だ／である」等判断句中，判断词前一般只用「こと」，不用「の」。

(1) 私の趣味は映画を見ることです。

×私の趣味は映画を見るのです。

b. 「見る、聞く、感じる」等感官动词前，一般只用「の」，不用「こと」。

(2) 高橋さんが踊るのを見ました。

×高橋さんが踊ることを見ました。

3. それで〈因果关系〉（→ 📖条目5）

本课出现的「それで」是连词（「接続詞」），表示因果关系。请注意与"指示词それ＋格助词で"构成的词组「それで」区别，这种「それで」是表示"借此、用此"的意义，例如：

(1) それぞれの国の国王は、国の周りに高い城壁を作った。**それで**外敵を防いだのである。（第7课第3单元课文）

(2) 新しいパソコンを買いました。**それで**オンライン授業を受けています。

下表列出了我们学过的そ系列的连词，它们形式上有近似之处，教学过程中可以引导学生系统复习，巩固知识：

项　　目	功能、意义	出现课、单元
それから	补充说明	3-1
そして	提示顺序，累加信息	6-3
それに	并列、累加信息	9-1
それで	提示因果关系	11-3

四、学习手册答案

自我检测

Ⅰ. 文字、词汇、语法

1. (1) さそ　　(2) きょうみ　　(3) でんとう　　(4) しょうらい
   (5) わす　　(6) にがて　　(7) にんげん　　(8) ものがたり
   (9) であ　　(10) おとな

2. (1) 試合　　(2) 経　　(3) 応援　　(4) 得意　　(5) 平日
   (6) 影響　　(7) 実際　　(8) 顔　　(9) 詳　　(10) 珍

3. (1) c　(2) b　(3) b　(4) d　(5) d　(6) b　(7) c　(8) a　(9) a　(10) a

4. (1) が／で　(2) が　(3) に　(4) が　(5) に、×
   (6) で　(7) まで　(8) の／ん　(9) のも、のも　(10) でも、でも
   (11) より　(12) が　(13) に　(14) の／が　(15) も

5. (1) d　(2) b　(3) a　(4) d　(5) b　(6) d　(7) c　(8) b　(9) b　(10) d

6. (1)b (2)b (3)a (4)a (5)b (6)b (7)a (8)c (9)b (10)c

7. (1)これは京都で撮った写真です。
   (2)これは高橋さんがよくカラオケで歌う歌です。
   (3)きのう見た映画は面白かったです。
   (4)李さんは鈴木さんが日本で買ったお菓子を食べました。
   (5)私が来年留学する大学は東京にあります。／私は来年東京にある大学に留学します。

8. 答案例

(1)クラスで好きな果物について調査しました。桃の好きな人がいちばん多く、12人います。りんごの好きな人がいちばん少なく、3人しかいません。葡萄の好きな人は8人います。西瓜の好きな人はりんごの好きな人より多いですが、葡萄の好きな人より少なく、6人です。私は果物の中で、りんごがいちばん好きです。

(2)これは昆明、上海、北京、ハルビン4都市の1月30日の最高気温です。4つの都市の中で、昆明がいちばん暖かく、21度です。ハルビンがいちばん寒く、-14度です。昆明はハルビンより気温が35度も高いです。北京は-4度で、ハルビンより暖かいですが、寒いです。上海は南にありますから、北京より暖かくて、4度です。昆明はとてもいいところです。気温は冬でも夏でも同じぐらいです。私は昆明に住みたいです。

(3)いま、ほとんどの大学生がインターネットを利用しています。では、みんなはインターネットを使って何をしているのでしょうか。日本語学部の学生106人に聞きました。インターネットでSNSを利用する人がいちばん多く、40人もいます。2番目はニュースを見る人で、28人です。ゲームをする人と小説を読む人は同じぐらいで、8人と9人です。ネットショッピングをする人も少なくないです。ニュースを見る人より少ないですが、20人もいます。

9. (1)いま、いいですか
   (2)本当ですか（そうなんですか）
   (3)よく知っていますね
   (4)やったー

10. (1) ちきゅう　(2) びじん　(3) げいじゅつ　(4) めいきょく　(5) せいか
　　(6) だいり　(7) ひょうじょう　(8) しょうじょ　(9) かんり　(10) かんぜん

Ⅱ. 听力

1. (1) c　(2) b　(3) c　(4) a

2. (1) a　(2) a

3.

	得意	苦手
趙さん	a	f
木村さん	d	b
李さん	c	e

Ⅲ. 阅读

(1) 男子18人、女子15人　(2) 75度　(3) 280人　(4) 4.8km　(5) 3・5・7

五、学习手册听力录音
实力挑战

听录音，回答问题。
(1) 好きな食べ物は何ですか。
(2) 嫌いな食べ物は何ですか。
(3) 好きな動物は何ですか。
(4) 得意なスポーツは何ですか。
(5) どの季節が好きですか。
(6) どんな時間が好きですか。
(7) どんな場所が好きですか。
(8) 一番ほしいっものは何ですか。
(9) 今いちばん行きたいところはどこですか。
(10) いちばん好きな言葉は何ですか。

自我检测

1. 听录音，仿照例子选择正确答案。

例　質問：日本料理の中で何がいちばんおいしいと言っていますか。

　　　A：好きな日本料理は何ですか。

　　　B：そうですね。日本料理の中ですしがいちばんおいしいと思います。

　　　A：そばはどうですか。

　　　B：あ、そばもなかなかおいしいですよ。

　　　A：どちらも食べたいですね。

　　　質問：日本料理の中で何がいちばんおいしいと言っていますか。

　　　　a. すし　　　　　　b. そば　　　　　　c. すしとそば

(1) 質問：将来何をしたいですか。

　　　A：美咲さんは、いつも本を読んでいますね。

　　　B：ええ、2日に1冊ぐらい読んでいます。

　　　A：そんなに本が好きなんですか。

　　　B：私、将来作家になりたいんです。だから、今たくさん本を読んでいるんです。

　　　A：そうなんですか。すてきな夢ですね。

　　質問：将来何をしたいですか。

　　　a. 本を読みたいです。

　　　b. サッカーをしたいです。

　　　c. 作家になりたいです。

(2) 質問：男の人は何を聞きましたか。

　　　A：あのう、パソコンを使いたいんですが。

　　　B：あ、すみません。パソコンは私より王さんのほうが詳しいですから、王さんに聞いてください。

　　　A：いえ、パソコン室の場所を教えてほしいんです。

　　　B：あ、すみません。

　　質問：男の人は何を聞きましたか。

　　　a. パソコンに詳しい人

　　　b. パソコンが使える場所

　　　c. パソコンの使い方

(3) 質問：家庭教師の授業は1週間に何時間ありますか。

　　　A：じゃあ、先生、来週から1週間に2回来てください。

　　　B：1回何時間ですか。

A：数学と英語を1時間ずつお願いします。
　　　B：わかりました。
　　　質問：家庭教師の授業は1週間に何時間ありますか。
　　　　a. 2時間　　　　　b. 3時間　　　　　c. 4時間
(4) 質問：何時にどこで会いますか。
　　　A：はい、渡辺です。
　　　B：もしもし、李です。今ちょっといいですか。
　　　A：はい、何ですか。
　　　B：今日の夜、サッカーの試合を見に行きませんか。渡辺さん、サッカー好きですよね。
　　　A：ええ、大好きです。
　　　B：試合はどこであるんですか。
　　　A：北京市体育センターです。知っていますか。
　　　B：名前は知っていますが、場所が良くわからないんですが。
　　　A：じゃあ、試合が7時からですから、6時に大学の正門で会いましょう。
　　　B：わかりました、じゃ、またあとで。
　　　A：じゃあ、また。
　　　質問：何時にどこで会いますか。
　　　　a. 6時に大学の正門で
　　　　b. 6時に北京市体育センターで
　　　　c. 7時に北京市体育センターで

2. 听录音，仿照例子选择正确答案。
　例　質問：売店で何を買いますか。
　　　A：暑いですね。
　　　B：ええ。あそこに売店がありますね。アイスクリームでも食べましょうか。
　　　A：アイスクリームよりジュースのほうがいいんですが。
　　　B：そうですか。じゃ、私も。
　　　質問：売店で何を買いますか。
(1) 質問：二人が見ている写真はどれですか。
　　　A：この人、ミハルさんの彼氏ですか。
　　　B：いいえ、弟です。

　　　　A：弟さん、イケメンですね。
　　　　B：そんなことありませんよ。でも、私より弟のほうが背は高いです。
　　　質問：二人が見ている写真はどれですか。
(2) 質問：山田さんのテストはどれですか。
　　　　A：芸術史のテスト難しかったですね。山田さんはどうでしたか。
　　　　B：私は、芸術史より文学史のほうが悪かったです。
　　　　A：そうですか。
　　　質問：山田さんのテストはどれですか。

3. 听录音，根据录音内容完成下表。
(1) A：李さん、今日もバスケットボールをしていますね。
　　 B：李さんはバスケットボールだけじゃなくて、卓球もとても上手なんですよ。
　　 A：そんなに上手なんですか。
　　 B：この間の学校の試合では一番でしたよ。
　　 A：すごい！
(2) A：この道を行きましょう。
　　 B：え、どうしてですか、この道のほうが近いですよ。
　　 A：でも、その道には大きな犬がいるんですよ。
　　 B：趙さん、犬が怖いんですか。
　　 A：ええ、実は苦手なんです。
(3) A：李さん、夏休み、一緒にプールに行きませんか。
　　 B：運動はだいたい何でも好きですが、泳ぐのだけは苦手なんです。
　　 A：それは知りませんでした。
(4) A：木村さん、四川料理を食べに行くんですが、一緒にどうですか。
　　 B：四川料理って辛い料理ですよね。
　　 A：辛いものは苦手ですか。
　　 B：ええ、あまり得意じゃありません。
　　 A：それは残念ですね。
(5) A：数学の宿題とても難しいですね。
　　 B：本当に。半分ぐらいわかりませんでした。
　　 A：趙さんに聞きに行きましょう。趙さんの数学のテストはいつもいい点ですから。

(6) A：おいしい！これ本当に木村さんが作ったんですか。お店で買ったケーキよりおいしいですよ！
　　B：よかったです。ケーキを作るのは得意なんです。

六、课文翻译

1 邀请电话

王　：（声音有些发抖）喂，高桥吗？我是王宇翔。
高桥：啊，王宇翔，你好！
王　：现在说话方便吗？
高桥：请讲！
王　：高桥你喜欢京剧吧？
高桥：是的，非常喜欢！
王　：是这样的，我有一个朋友在京剧学校学习，这个星期六他第一次登台演出，咱们一起去看吧。
高桥：真的？！太好了！什么剧目？
王　：京剧《白蛇传》，你知道吗？
高桥：知道，是化成人的白蛇和青蛇的故事吧。
王　：对，你真了解啊！那，咱们是不是也叫上铃木一起去呀？
高桥：不用了，他去天津了，要待到星期天呢。
王　：（松了一口气）是吗，好吧，那就咱们两个人去吧。
高桥：好的。在什么地方演啊？
王　：北京剧场，你认识吗？
高桥：是前门附近的那个剧场吧？几点开演？
王　：7点。6点左右咱们吃完晚饭以后再去吧。
高桥：好的。
王　：那就5点50在正门前见。
高桥：好的，星期六太令人期待了，谢谢你！
王　：再见。（挂了电话以后）太棒了！

2 高桥的梦想

（看完京剧，高桥与小王在喝茶聊天）
高桥：今天太谢谢你了！真的太有意思了。

王　：不用谢！对京剧你比我熟悉多了。你是怎么喜欢上京剧的呢？
高桥：可能是受了我妈妈的影响。她喜欢戏剧和音乐，我也从小就去看过不少演出，平均二三个月就去看上1场。
王　：戏剧和音乐，都看过哪些呢？
高桥：歌舞伎、芭蕾舞、歌剧什么的，京剧也是那个时候开始接触到的。
王　：你母亲不光喜欢日本戏剧，对外国的戏剧也很感兴趣吧？
高桥：是的。但她在戏剧中还是最喜欢歌舞伎。
王　：你呢？
高桥：我喜欢宝冢（音乐剧）和京剧。你知道宝冢（音乐剧）吗？
王　：就是那种只有女性演出的舞台剧吧。京剧可是男的女的都能演。宝冢（音乐剧）和京剧你更喜欢哪个呢？
高桥：两个都同样喜欢。不过，宝冢（音乐剧）要比京剧看得多。在日本一般看不到京剧。
王　：是吧，将来你也想登台演出吗？
高桥：还不知道。我擅长演戏和唱歌，可跳舞不行。但我还是想从事一些和舞台有关的工作。
王　：真是个美好的理想啊，我支持你！

3 日本的传统戏剧：歌舞伎

"歌舞伎"与"能／狂言""文乐"并称为日本三大传统戏剧。在传统戏剧中，能狂言起源于14世纪，历史最为悠久。歌舞伎兴起于17世纪，与能狂言相比历史较短。

"歌舞伎舞"的本意为"奇特的舞蹈"，最初是由一位名叫"阿国"的女子装扮成男子跳的一种没有故事情节的舞蹈。当时戏剧都是由男性来表演的，女性跳的舞蹈很少见，不仅如此，女性装扮成男性跳舞就更令人感到新奇，于是歌舞伎舞一下子就流行开了。

此后，江户幕府禁止女性和青少年表演歌舞伎舞，歌舞伎表演者就是从这个时候开始不再有女演员了。

歌舞伎的脸谱很有名。脸谱表现的是脸部的青筋和肌肉，红色代表英雄，蓝色代表坏人，茶色代表妖魔鬼怪。

歌舞伎各种体裁的作品和舞台装置臻于完备，已成为代表日本的传统戏剧，历经四百余年后，今天仍然吸引着众多的"歌舞伎迷"。

第12課　年　末

一、教学目标

1. 能够用日语说明意向。
2. 能够用日语商讨计划和安排。
3. 能够用日语总结学习和生活。
4. 能够用日语有效与他人沟通、合作。
5. 通过分享、交流自己的计划与安排，学会规划自己的学习生活。

二、语言知识点、学习重点及教学实施建议

ユニット1

1. 语言知识点及学习重点

语言知识点	学习重点
① 动词的意志形 ② ～と思う〈想法〉 ③ ～予定だ〈计划〉 ④ ～かどうか〈选择〉 ⑤ Vたことがある〈经历〉 ⑥ ～だろう〈推测〉	(1) 运用动词的意志形、「～予定だ」说明意向、愿望、计划。 (2) 运用「Vたことがある」说明自己的经历。

2. 教学实施建议

　　分组排演短剧，注意让每个学生参与。可以鼓励学生自己编写剧本，例如改写、扩展《综合日语》的故事。

ユニット2

1. 语言知识点及学习重点

语言知识点	学习重点
① あげる/くれる/もらう〈授受〉 ② Vることがある〈频率低〉 ③ 〜つもりだ〈打算〉	(1) 理解日语授受动词这一概念，运用不同的授受动词表达不同的物品授受关系，并与汉语的"给"进行对比。 (2) 运用「〜つもりだ」表示对未来的打算、安排，与上一单元的「〜予定だ」进行对比。

2. 教学实施建议

　　授受关系是中国人学习日语的难点之一。本课是第一阶段，物品的授受。首先帮助学生理解「あげる」「もらう」「くれる」三个词的方向，理解人际关系的内外亲疏是变量，同时关注日语在视点上的特点。

ユニット3

1. 语言知识点及学习重点

语言知识点	学习重点
① 〜たり、〜たりする〈交替、反复、并列〉 ② Nを通じて〈手段、方法〉	(1) 运用「〜たり、〜たりする」表示"有时……有时……""有的……有的……""或者……或者……"。

2. 教学实施建议

　　本单元创造了一个总结、回顾、思考一个学期学习、生活的机会，通过完成阅读文的自我评价单，反思自己在学习过程中的行为表现、关键能力和必备品质，同时不仅停留在"回顾"的层面，通过进一步深入思考，感受自己的成长，发现新的自我，促进自我发展、自我完善。

　　课文篇幅有限，不可能涵盖所有问题，教师可以根据需要进行补充。

三、教学重点

（一）词汇教学重点

　　本课是本册书的最后一课，可以系统帮助学生梳理名词、动词、形容词的肯定与否定、过去与非过去活用形式，梳理动词的各种活用形（第一连用形、第二连用形、能动形、意志形等），为下一步学习打好基础。

第12課　年末

（二）语法教学重点

1. 动词的意志形（→ 条目1）

　　a. 动词意志形的变形对学生来说是一个难点，尤其容易与以「る」为词尾的Ⅰ类动词与Ⅱ类动词的意志形混淆，初学时易出现「×寝ろう」「×帰よう」「×作よう」「×着ろう」「×起きろう」这样的错误，这也会为第三册学习动词的命令形时埋下隐患。所以严格区分Ⅰ类动词与Ⅱ类动词是关键。

　　b. 口语中单独使用动词的意志形，经常是说话人的自言自语，如「よし、やめよう」「寝ようか」；向他人表达自己的意图时，需要使用「意志形＋思う」。试比较：

　　(1) 10時に**寝よう**。

　　(2) 10時に**寝よう**と思います。

　　c. 并非所有的动词都有意志形，由于意志形用于表达说话人的意图、建议，所以只有自主动词才有意志形，非自主动词没有［自主动词与非自主动词的解说见第9课语法专栏（2）］。

　　(1) ×もっと時間がかかろうと思います。

　　　　→もっと時間がかかるだろうと思います。

　　(2) ×明日は忙しいから疲れようと思います。

　　　　→明日は忙しいから疲れるだろうと思います。

　　(3) ×運転ができようと思うます。

　　　　→運転ができるようになりたいと思います。（「ようになる」未学）

　　(4) ×早く日本語が分かろうと思います。

　　　　→早く日本語が分かるようになりたいと思います。（「ようになる」未学）

2. ～と思う〈想法〉（→ 条目2）

　　a.「～と思う」接在动词的意志形后面时，表达说话人的意图；接在其他简体句子后面时，表达说话人的想法、判断。需强调「～と思う」具有人称限制，如果要表达第三人称的想法或意图，需要使用「～と思っている」。

　　(1) ×高橋さんは夏休みに日本へ帰ろうと思います。

　　　　→高橋さんは夏休みに日本へ帰ろうと思っています。

　　b. 以下的误用比较常见，需要特别提醒。即在表达说话人自己的意图时，不使用「意志形＋思う」，而使用「词典形＋思う」。

(1)×今週末に出かけると思います。→　今週末に出かけようと思います。
　　(2)×　将来、翻訳の仕事をすると思っています。
　　　　→将来、翻訳の仕事をしようと思っています。
　　c.「〜と思う」前需接简体句子，以下是常见的误用。
　　(1)×　王さんも行きますと思います。
　　　　→王さんも行くと思います。
　　(2)×　あの仕事は簡単ではありませんと思います。
　　　　→あの仕事は簡単ではないと思ういます。

3. 〜予定だ〈计划〉（→条目3）
　　该句式除可表达说话人自己的计划外，还可以表示规定、日程中已确定事宜或大家商议后确定的即将实施的事项，这是与第2单元学习的「〜つもりだ」不同的地方。
　　(1)夏休みは久しぶりに国に帰る｛予定です／つもりです｝。
　　(2)私たち日本語学科も忘年会を開く｛○予定です／×つもりです｝。
　　(3)会談は3時に始まる｛○予定です／×つもりです｝。

4. Vたことがある〈经历〉（→条目5）
　　a. 该句式表示到目前为止的某个时期或某个时间点曾经有过的经历，需要注意的是该时期或时点要与发话时间有一定的间隔，不用于描述最近的经历。这是与汉语不同的地方。
　　(1)??昨日あの店に行ったことがあります。
　　　　→昨日あの店に行った。
　　(2)??テストの範囲は、先週先生に聞いたことがあります。
　　　　→テストの範囲は、先週先生に聞きました。
　　b. 可让学生组队就自己的经历展开对话。必要时可补充「一度Vたことがある」「一度もVたことがない」。
　　c. 提示此句式与「Vることがある」的区别。

5. 〜だろう〈推测〉（→条目6）
　　a.「〜だろう」经常与「たぶん」「おそらく」等副词搭配使用。在日常对话中，多为男性使用，女性用「〜でしょう」。书面语及自言自语时男女均可使用。
　　b. 与「〜だろう」相比，「〜だろうと思う」侧重于将自己的推测传达给他人时

使用，表述更加委婉。

　　c.「～だろう」前接简体形式，Ⅱ类形容词词干及名词在非过去时中可直接接续。

　　动词　　食べる／食べない／食べた／食べなかった　＋だろう

　　Ⅰ类形容词　おいしい／おいしくない／おいしかった／おいしくなかった　＋だろう

　　Ⅱ类形容词　便利／便利ではない／便利だった／便利ではなかった　＋だろう

　　名词　　風邪／風邪ではない／風邪だった／風邪ではなかった　＋だろう

6. 时间名词＋を

　　表达度过或经历某一时间段。其中时间名词表示的是具有一定长度的时间段，如「一週間、半年、夏休み、大学時代、一生」等，后接动词一般为「過ごす、暮らす、送る、明かす」等。该用法没有作为语法项目讲解，可补充说明。

　　（1）高橋さんはいつもどんなクリスマスを過ごすんですか。

　　（2）北京で大学時代を過ごした。

　　（3）この家で人生の半分を暮らした。

　　（4）友達と一緒に楽しい週末を送りたい。

　　（5）夏休みに、高校時代を過ごした町を訪れた。

ユニット2

1. あげる／くれる／もらう〈授受〉（→📖条目1）

　　a. 授受动词「あげる／くれる／もらう」表示的是人与人之间物品的授受。说话人的视角不同，使用的授受动词就不同。可准备多种道具，让学生传递不同道具并用日语表达，反复练习。此项目的学习是第二册中出现的敬语动词「さし上げる／くださる／いただく」，及动作的授受表达方式「～てあげる（てさしあげる）／～てくれる（てくださる）／～てもらう（ていただく）」的基础，需要牢固掌握。

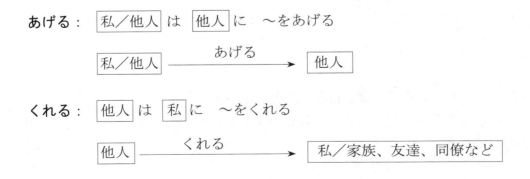

もらう： 私／他人 は 他人 に／から ～をもらう

私／他人 ←―― もらう ―― 他人

b.三个授受动词中，「もらう」是较难的一个，应着重练习。

「もらう」的句式中，赠予者或给予者用格助词「に」或「から」表示。如果是组织、团体、机关等时，只能用「から」。

(1)会社 ｛から／×に｝ 給料をもらう。

(2)学校 ｛から／×に｝ 賞をもらった。

c."属于说话人一方的人"包括家人、亲戚、朋友、恋人、同事等，或心理上与说话人在同一立场的人。

2.～つもりだ〈打算〉（→ 条目3）

a.该句式表示说话人之前就做好的打算或计划，不用于临时决定的事情。

(1)A：着きました。今北門にいます。

　　B：分かりました。今 ｛×行くつもりです／○行きます｝。

b.口语中省略动词时，使用「そのつもりだ」。

(2)A：12月に能力試験を受けるんですか。

　　B：ええ、そのつもりです。

c.这里可总结表示说话人意图、愿望、计划的表达方式，学生可选择自主动词和句式进行练习。

(1)A： 今度何について発表しますか。

　　B：「環境問題」について発表します。（自己的决定）

　　　「環境問題」について発表したいと思います。（表达愿望）

　　　「環境問題」について発表しようと思っています。（表达意图，语气较委婉礼貌）

　　　「環境問題」について発表する予定です。（已与他人商量并确定）

　　　「環境問題」について発表するつもりです。（自己的计划）

ユニット3

1.～たり、～たりする〈交替、反复、并列〉（→ 条目1）

a.该句式接续较为复杂，尤其是接形容词和名词时，需反复练习。也可搭配以下学过的句式练习。

(1)～たり～たりします／しました／しています

(2) ～たり～たりしてください
(3) ～たり～たりしなければなりません
(4) ～たり～たりしてはいけません
(5) ～たり～たりしたほうがいいです
(6) ～たり～たりすることができます
(7) ～たり～たりだ

例：
カラオケに行く／映画を見る　本を読む／音楽を聞く　友達に会う／買い物をする　寝る／起きる　行く／来る　出る／入る　書く／書かない　雨が降る／やむ　晴れる／曇る　暑い／寒い　近い／遠い　日本人／韓国人　2月／3月　英語／日本語　右／左

b. 注意该句式与「～て、～て、～」的区分（列举全部与列举部分、暗示其他）。
(1) 昨日、部屋を掃除して、洗濯して、買い物をして、料理を作りました。
(2) 昨日、部屋を掃除したり買い物したりしました。

c. 可总结学习过的有关事物的并列和事项的并列的表达方式。
(1) 王さんと李さんと高橋さんが来た。
(2) 文化や文学などの授業がある。
(3) スマホでお菓子とか本などを買います。
(4) 高橋さんも鈴木さんも留学生です。
(5) 朝はコーヒーか牛乳を飲みます。
(6) 宿題は多くて難しい。
(7) 上にお姉さんがいて、下に弟さんがいます。
(8) 部屋を掃除し、果物を買った。
(9) 週末は洗濯したり、部屋の掃除をしたりします。

四、学习手册答案

自我检测

Ⅰ. 文字、词汇、语法

1. (1) そうだん　(2) けいかく　(3) しょうがつ　(4) じしん　(5) もっと
   (6) わた　(7) ふか　(8) よろこ　(9) みぢか　(10) の

2. (1) 熱意　(2) 準備　(3) 予定　(4) 達成　(5) 収集
   (6) 協力　(7) 宿泊　(8) 満足　(9) 振り返　(10) 思

3. (1) d　(2) c　(3) d　(4) c　(5) b　(6) a　(7) b　(8) b
　　(9) c　(10) a　(11) d　(12) d　(13) d　(14) c　(15) a

4. (1) 行った　　　　(2) 食べる　　　　(3) 作ろう　　(4) 行う
　　(5) 知っている　　(6) できなかった　(7) 待つ　　　(8) 着ている（着いた）
　　(9) なれる（なる）(10) 来よう

5. 答案例
　　(1) ずっと医者になろう
　　(2) 日本料理を食べ
　　(3) 日曜日、家に帰らない
　　(4) 一人で旅行した
　　(5) 卒業したら、すぐ就職する
　　(6) 練習しました
　　(7) 練習しませんでした
　　(8) 練習しませんでした
　　(9) お正月に家に帰る
　　(10) 王さんが来た

6. (1) が／の　(2) に　(3) で　(4) で、に　(5) のは（のが）(6) にも
　　(7) を　　　(8) が　(9) を　(10) から　(11) が　　　　　(12) に

7. (1) a　(2) a　(3) a　(4) c　(5) a　(6) d
　　(7) a　(8) b　(9) b　(10) b　(11) c　(12) d

8. (1) b　(2) a　(3) d　(4) c　(5) a
　　(6) b　(7) b　(8) b　(9) a　(10) b

9. (1) くれました　(2) あげました　(3) もらった　(4) あげた
　　(5) もらった　　(6) もらった　　(7) もらった、あげた

10. (1) よやく　　(2) かんてん　(3) だいほん　(4) いし　　(5) しゅうごう
　　(6) かいけい　(7) あいじょう (8) けつろん　(9) さいこう (10) かつよう

Ⅱ.听力

1. (1) c　　(2) c　　(3) b　　(4) b　　(5) a

2. 山下さんの来週の予定表

月曜日	a
火曜日	d
水曜日	（例）　f
木曜日	b
金曜日	c
土曜日	g
日曜日	d

3. (1) ×　　(2) ×　　(3) ○

4. (1) b　　(2) c　　(3) a　　(4) a

Ⅲ.阅读
略

五、学习手册听力录音

实力挑战
日本語で自己紹介してください。

自我检测
1. 听录音，选择正确答案。
　(1) 質問：田中さんは明日何をしますか。
　　　A：明日は休みですね。
　　　B：そうですね。木村さんはどこかへ行く予定ですか。
　　　A：ええ、友達と映画を見に行こうと思っています。田中さんは？
　　　B：家にいるつもりです。特に予定はありませんから。
　　　A：そうですか。じゃあ、一緒に映画に行きませんか。
　　　B：いいですか。

A：もちろん。

　　　B：じゃ、ぜひ。

　　質問：田中さんは明日何をしますか。

　　　a.家にいます。

　　　b.買い物に行きます。

　　　c.映画を見に行きます。

　　　d.友だちの家に行きます。

(2) 質問：タイに行きますか。

　　　A：旅行は好きですか。

　　　B：ええ、好きです。インドやマレーシアに行ったことがあります。

　　　A：タイは行ったことがありますか。

　　　B：ありません。いつか行こうと思っています。

　　質問：タイに行きますか。

　　　a.行きません。

　　　b.5日に行きます。

　　　c.いつか行くつもりです。

　　　d.タイへ旅行に行きました。

(3) 質問：真理子さんは本を買いますか。

　　　A：王さんに借りた『花』という小説、とっても面白かった。ありがとう。

　　　B：それは良かった。

　　　A：とてもいい話だから、明日本屋へ行って買おうと思います。

　　　B：それじゃ、その小説、真理子さんにあげますよ。僕はもう何回も読みましたから。

　　　A：本当、いいんですか。うれしい！

　　質問：真理子さんは本を買いますか。

　　　a.はい、本屋で買います。

　　　b.いいえ、王さんにもらいます。

　　　c.はい、王さんから買います。

　　　d.王さんにあげます。

(4) 質問：どうしてほかの日にするのですか。

　　　A：このあいだ行った北京料理の店に、また行きませんか。

　　　B：いいですよ。あっ、でも今日は日曜日ですね。あの店、日曜日はとて

　　　　も混んでいると思いますよ。
　　　A：そうなんですか。じゃあ、ほかの日にしましょう。
　　質問：どうしてほかの日にするのですか。
　　　a. 日曜日は店が休みだから
　　　b. 日曜日は店が混むから
　　　c. 日曜日はバスが混むから
　　　d. 北京料理の店だから
(5) 質問：太郎さんは来ると思いますか。
　　　A：太郎さん、まだ来ていませんね。来るかどうか知っていますか。
　　　B：たぶん来るだろうと思いますよ。今日のカラオケ大会、とても楽しみ
　　　　にしていましたから。昨日も部屋で練習をしていました。
　　　A：そうですか。
　　質問：太郎さんは来ると思いますか。
　　　a. カラオケ大会を楽しみにしていたから、来るだろうと思います。
　　　b. カラオケは嫌いだと言っているから、来ないだろうと思います。
　　　c. 今、部屋で練習しているから、来ないだろうと思います。
　　　d. カラオケ大会は知らないから、こないだろうと思います。

2. 听录音，根据录音内容完成下表，同一内容可以重复使用。
　A：サークルのパーティーの日時を決めたいんですが。山下さんの来週の予定を
　　　教えてくれませんか。
　B：いいですよ。えーっと、月曜日は授業のあと、テニスの練習をする予定で
　　　す。
水曜日はアルバイトがあります。金曜日は英語のテストがありますから、木曜日
の夜は図書館で鈴木さんと勉強をするつもりです。
　A：火曜日は何か予定がありますか。
　B：いえ、特にありません。
　A：週末はどうですか。
　B：土曜日はテニスの試合がありますが、日曜日は何もありません。
　A：わかりました。ありがとうございます。他の人の予定も聞いてパーティーの
　　　日時を決めます。

3. 听录音，符合录音内容的在（　）里画〇，不符合的画×。

(1) A：昨日は母の日でしたね。
　　B：そうですね。
　　A：李さんは何かプレゼントをしましたか。
　　B：花をあげました。

(2) A：そのセーター、すてきですね。
　　B：ありがとう。今年のクリスマスプレゼントなんです。
　　A：彼氏にもらったんですか。
　　B：残念ですが、違います。父がくれました。

(3) A：友達の誕生日に何かプレゼントをあげたことがありますか。
　　B：ええ、もちろん。
　　A：何をあげましたか。
　　B：友達の好きなクラシックのCDをあげました。

(4) A：王さん、このあいだの発表の資料1部もらってもいいですか。
　　B：ええ、どうぞ。
　　A：ありがとうございます。

4. 听录音，选择正确的应答。

(1) A：明日はクリスマスパーティーですね。
　　B：a.そうですね。楽しいですね。
　　　　b.そうですね。楽しみですね。
　　　　c.そうですね。もちろんです。

(2) A：これ、手作りのペンケースです。よかったら、使ってください。
　　B：a.うれしい。大切ですね。
　　　　b.うれしい。よかったですね。
　　　　c.うれしい。大切にします。

(3) A：それでは、お気をつけて。よいお年を。
　　B：a.よいお年を。
　　　　b.新年おめでとうございます。
　　　　c.メリークリスマス。

(4) A：ジュースを買ってきましょうか。
　　B：a.すみません。お願いします。
　　　　b.それはいいですね。いつですか。
　　　　c.ええ、もちろん。

六、课文翻译

① 商量举办联欢会

（铃木、山田和渡边正在商量事，这时小王来了）

王 ：你们好，你们是在商量什么事吗？

铃木：对，我们遣唐使会准备举办新年联欢会，我们正在订计划呢。

王 ：太好了，什么时候？

山田香织：12月25号。

王 ：那天我们日语专业也要开联欢会，怎么样，咱们一起开吧？

山田：行吗？

王 ：当然行了！

山田：会场定在哪里呢？

渡边：是不是问一下留学生会馆的会议室能不能用啊？

山田：好的，那渡边就麻烦你问一下吧。在联欢会上要不要互换礼物呢？

铃木：好啊，还有，咱们想一想一起演个什么节目吧。

渡边：演个戏怎么样啊？

王 ：好啊，可大家都演过戏吗？

渡边：我没演过。

山田：我也没演过。不知道高桥演过没有？

王 ：我觉得她可能演过，因为她想学戏剧专业。

山田：对呀！那咱们就让高桥演女主角吧。谁来写剧本呢？

铃木：我来写吧，也不知道能不能写出有意思的剧本。

王 ：男主角谁来演呢？

铃木：王宇翔，你来演吧。

王 ：啊？演什么剧啊？

铃木：嗯……，现代版的《竹取物语》！

② 新年联欢会

（《竹取物语》的演出结束了）

赵 ：真有意思！

渡边：是啊，高桥扮演的赫映公主太美了！

赵 ：那么多男人给她送礼物，可她没有和任何人结婚。

王 ：（喃喃自语）爱情是用金钱买不到的。

（开始交换礼物）

山田：好，现在我们开始交换礼物！请大家围成一圈，依次把（手里的）礼物传给自己右边的人，音乐停止的时候手里拿的礼物就归自己了。好，开始放音乐！

（礼物交换完毕）

高桥：王宇翔，你得到的礼物是什么？

王　：我得了个手机链，你呢？

高桥：我的是一个小毛绒玩具，特可爱。你看！

王　：啊，这件礼物可是我买的！

高桥：真的？那我得好好珍藏你给我的这件礼物。

王　：那我可太高兴了。高桥你一般都是怎么过圣诞节的？

高桥：有时买蛋糕和家人一起过，但基本上是和朋友聚会。全家团聚大多是在新年。你呢？

王　：在中国，和家人团聚的最重要的节日是春节。

高桥：啊，就是农历新年吧？

王　：是的。对了，高桥，这个春节我打算回家，你也来（我家）玩儿吧。

高桥：真的？可以吗？

王　：当然了，我父母也一定会很高兴的。

高桥：太好了，谢谢！我期待着那一天早日到来。

（交际舞音乐响起）

王　：高桥，咱们跳舞吧！

高桥：好的，非常荣幸！

3 日语学习总结

回顾本学期的日语学习，梳理一下自己的学习和思想吧。

以下项目中，认为自己做到的画〇，没有做到的画×。

1. 认真预习、复习。
2. 对说日语产生了自信。
3. 对大学生活和自己选择的专业非常满意。
4. 能够与同学合作完成日语学习任务。
5. 能够通过网络收集日语的资料和信息。
6. 能够表述自己的姓名、籍贯（或毕业学校）、兴趣爱好、家庭成员、履历、感兴

趣的事等基本个人信息。
7. 能够简单地表达自己的心情。
8. 能够说明计划、准备、习惯、每天做的事情、好恶、自己的经历等。
9. 能够回答关于身边话题的调查问卷。
10. 能够接受采访，回答简单的问题，简单地表明自己的观点。
11. 能够理解关于电子词典等日常电器产品的简单说明。
12. 能够理解旅游、住宿、餐饮、购物等日常生活的简单会话。
13. 能够就身边的话题交换思想与信息。
14. 加深了对日本语言、文化的理解。
15. 通过日语学习体会到加深对中国语言、文化、历史的理解的重要性。
16. 通过日语学习扩大了视野，理解了跨文化交流的意义。

怎么样？这学期最让你有成就感的是哪一项？下学期继续努力吧！